阅读成就思想……

Read to Achieve

新父母课堂系列

孩子的抗逆力

培养让孩子受益一生的
快乐、幸福能力

贾新超　李晓彤　著

中国人民大学出版社
·北京·

图书在版编目（CIP）数据

孩子的抗逆力：培养让孩子受益一生的快乐、幸福能力 / 贾新超，李晓彤著. -- 北京：中国人民大学出版社，2024.6
ISBN 978-7-300-32859-1

Ⅰ. ①孩… Ⅱ. ①贾… ②李… Ⅲ. ①挫折教育 Ⅳ. ①G44

中国国家版本馆CIP数据核字(2024)第106304号

孩子的抗逆力：培养让孩子受益一生的快乐、幸福能力
贾新超　李晓彤　著
HAIZI DE KANGNILI：PEIYANG RANG HAIZI SHOUYI YISHENG DE KUAILE、XINGFU NENGLI

出版发行	中国人民大学出版社			
社　　址	北京中关村大街31号		邮政编码	100080
电　　话	010-62511242（总编室）		010-62511770（质管部）	
	010-82501766（邮购部）		010-62514148（门市部）	
	010-62515195（发行公司）		010-62515275（盗版举报）	
网　　址	http://www.crup.com.cn			
经　　销	新华书店			
印　　刷	天津中印联印务有限公司			
开　　本	890 mm×1240 mm　1/32		版　次	2024年6月第1版
印　　张	6.5　插页1		印　次	2024年6月第1次印刷
字　　数	95 000		定　价	59.90元

版权所有　　侵权必究　　印装差错　　负责调换

前言

抗逆力又称抗挫力，在心理学中又被称为心理韧性或心理弹性。通俗来讲，就是让孩子具有抗挫折的能力，不轻言放弃，能从逆境中成长，不仅不被困难打败，还能触底反弹，甚至弹到更高的水平，发挥他的潜力和价值。

在以往的教育方式中，经常有人提出给孩子做挫折教育，让孩子尝试和体会挫败感，从而体验和磨炼抗挫折的能力。然而，现在的孩子普遍比较敏感、脆弱，如果给他刻意地创造困难和挫折就有可能适得其反，一下子把他打趴下了，要是从此一蹶不振就更得不偿失了。

因此，教育界常说"有教无类"和"因材施教"。我们要根据孩子的不同特点来提升他的抗逆力。有的孩子性格积极乐观、抗压能力强，你给他创造挫折，对他来说并不那么可怕，而且还有可能激发出他的潜力；有的孩子性格消极悲观，如果给他处处设置挫折，就可能会让他更加烦恼和忧郁，最后不仅没有培养出抗逆力，还会让孩子一遇到困难就绕着走了。

从积极心理学的渊源来看，积极心理学的创始人之一马丁·塞利格曼（Martin Seligman）教授就是以"习得性无助"研究成名的。他经过研究发现，人的无助感是不断受到挫折和打击而形成的。也就是说，如果一个人总是被打击、受挫折，慢慢就会变得破罐破摔、放弃对生活的努力，进而发展出更加悲观、抑郁的倾向；相反，如果让一个人不断尝试积极乐观的状态，他就会形成"习得性乐观"，这也是积极心理学的由来，即从"习得性无助"走向"习得性乐观"，也就走向积极心态！

在积极心理学的观点中，孩子都有积极乐观的天性，如

前 言

果用数值来量化，那么他们天生都是处于 +1、+2 的状态，只有在遇到真正的心理问题时才会滑到 –1、–2 的状态。积极心理学的首要任务就是希望能把孩子的状态提高到 +6、+8，这样他们遇到挫折和打击的时候，状态不至于一下子就滑到负的那一面。

那么，该从哪些方面提升孩子的心理状态呢？积极心理学的经典研究"六大美德 24 项积极品格优势"给出了答案。积极心理学中有一句名言：**"每个孩子都是一颗星星，他们只需要学会如何闪耀！"** 说的就是每个孩子身上都有闪光点，都会有品格优势，只需从这些品格优势的培养入手，就可以提升孩子的积极心态。而且，经过相关研究发现，**有六项积极品格优势（乐观、希望、活力、毅力、幽默、感恩）与抗逆力的提升呈显著正相关**。也就是说，提升孩子的抗逆力，并不是要让孩子多经历挫折和创伤，而是要培养这六项积极品格优势。

因此，本书将从积极心理学的视角，从培养孩子的六大积极品格优势方面入手,提升孩子的抗逆力,让孩子不轻言放弃。

　　让天下没有难养的孩子,让每一个孩子都闪耀!

贾新超

目录

第 1 章 用积极心理学解读孩子的抗逆力 // 001

为什么要培养孩子的抗逆力 // 003

来自积极心理学的研究启示 // 007

如何发现孩子的品格优势 // 011

与抗逆力相关的品格优势 // 018

放轻松,别那么焦虑 // 022

第 2 章 乐观 // 027

乐观是一种积极心理资本 // 029

保持乐观的归因解释风格 // 034

积极和消极的黄金比例 // 044

培养积极的思维方式的练习　// 050

保持弹性的乐观　// 062

第 3 章　希望　// 065

有希望才会有未来　// 067

想象力能带来希望　// 072

绝望中的触底反弹　// 080

帮孩子设定人生目标　// 086

用自我叙事帮孩子塑造"更好的我"　// 090

第 4 章　活力　// 095

活力是孩子的积极天性　// 097

活力与热情密不可分　// 101

保持活力的秘密武器　// 107

有活力不能走极端　// 114

第 5 章　坚毅　// 121

有激情才能更好地坚持下去　// 123

目 录

　　坚毅需要成长型思维　// 129

　　坚毅力需要刻意练习　// 140

　　提升成就感才能坚持　// 145

第 6 章　幽默 // 151

　　幽默的品质难能可贵　// 153

　　如何培养你的幽默感　// 157

　　要和有趣的人做朋友　// 161

　　幽默要适度　// 165

第 7 章　感恩 // 169

　　真正的感恩是积极体验　// 171

　　品味细节常怀感恩之心　// 174

　　培养感恩的练习　// 178

　　如何培养懂感恩的孩子　// 183

　　感恩并非让孩子逆来顺受　// 186

后记　// 193

第1章

用积极心理学解读孩子的抗逆力

为什么要培养孩子的抗逆力

2022年暑假,女儿问了我(贾新超)一个问题:"人到底为什么活着?是按照自己的想法活着,还是要按照大人的要求活着?"我听后很震惊,当时她才上小学五年级,竟然已经开始思考人生意义的话题了。

作为一名心理学研究者,我并不能一下子回答好这个问题,只能鼓励并试着和她好好探讨一下这个话题。

积极心理学认为,只要是在追求人生的意义,虽然有可能终其一生都不一定能找到答案,但这个寻找意义的过程就是有意义的。

随后,女儿又问了我一个让我更难回答的问题,她说即便是已经找到了人生的目标,但现在很多考上大学和找到工作的大哥哥、大姐姐都说要"内卷"或"躺平"了,像她这样的小朋友现在就开始考虑这些讨论不清楚的问题了,是不是有点早?是不是自寻烦恼?

孩子在追求人生意义的过程中固然会常常遇到各种各样的困难,并因此感到气馁、挫败。尽管我会用心理学的技巧去教她应对,但是更深层次的原因是什么?我想到了以下几点:

- 为什么现在的孩子会那么脆弱、经受不起打击呢?
- 为什么以前的孩子有"虎妈狼爸"的打骂甚至棍棒教育,也很少出现心理问题呢?
- 为什么之前管用的激将法和挫折教育不适合现在的孩子了呢?

我试着用积极心理学的理论基础——人本主义心理学家马斯洛先生提出来的需求金字塔(见图1-1)来分析一下。

用积极心理学解读孩子的抗逆力 | 第 1 章

如图 1-1 所示，需求金字塔共分五个层次，从下至上（也就是需求的从低到高）依次为生理需求、安全需求、社会需求、尊重需求、自我实现需求。

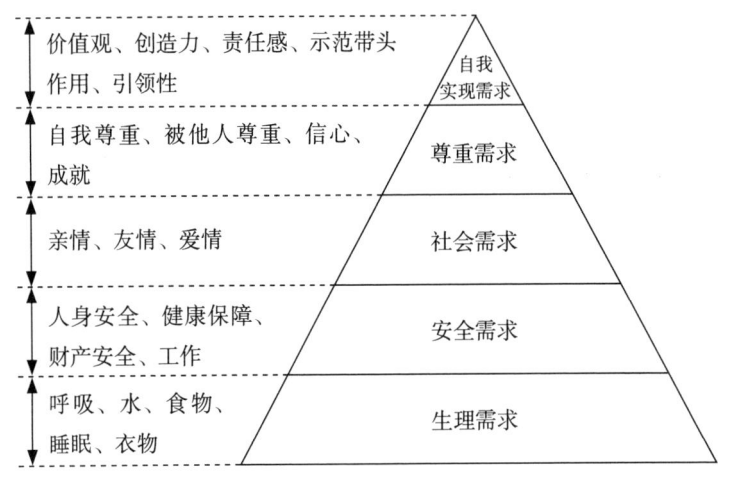

图 1-1　需求金字塔

塔尖至塔底依次为：
- 自我实现需求：价值观、创造力、责任感、示范带头作用、引领性
- 尊重需求：自我尊重、被他人尊重、信心、成就
- 社会需求：亲情、友情、爱情
- 安全需求：人身安全、健康保障、财产安全、工作
- 生理需求：呼吸、水、食物、睡眠、衣物

如今的孩子都已经满足了基本的生存需要（包括生理需求、安全需求），父母考虑的需求和孩子考虑的需求可能完全不在一个层面上：父母想的是，你要是不好好学习，以后怎么养活自己；孩子想的是，我需要情感交流、尊严支持和实现自我价值（即金字塔上面的三层，可被统称为"精神需

求"）。如果父母和孩子聊的根本就不是一回事，就很容易产生矛盾。孩子的精神需求往往是父母比较容易忽视的，也是不太容易被满足的需求。

正所谓"心病还须心药医"，孩子在精神层面遇到的挫折还需要从精神层面来获得理解和支持，而不是用打压式的教育给孩子增加负担和焦虑。对此，抗逆力就是一剂良药——**在孩子受到心理上的挫折时，他还能自我恢复、弹回到正常的状态，这就是对他最大的帮助和成长**。抗逆力也符合积极心理学的理念——就像中医里的"治未病"一样，不要等到孩子有了心理问题再去求医问药，而是要做好积极的心理预防，让孩子遇到困难和挫折时不是破罐破摔、自暴自弃，而是能够自我疏导、自我排解，积极地用抗逆力去应对问题，及时遏制有可能变成心理问题的倾向，并且不会给自己贴上"有心理问题"的标签。可见，**培养孩子的抗逆力至关重要，不仅有助于他们的心理健康，更有助于让他们获得更加积极的心态，成就幸福人生。**

来自积极心理学的研究启示

积极心理学是一门关于幸福的科学,积极心理学家曾问过全世界的父母一个问题:你希望你的孩子长大以后成为一个什么样的人?全世界的父母的回答都是大同小异的——希望孩子幸福、快乐、健康、安全……然后,积极心理学家又问了:现在的学校教什么?全世界的学校教的内容可能颇为相似——语文、数学、物理、化学……有没有教孩子快乐、幸福的能力呢?

以积极心理学为基础提倡的积极教育理念,就是在关注传统学业能力的同时,也关注让孩子拥有快乐、幸福的能力。积极心理学是科学心理学的流派之一,是一门基于实证的科学。如果提出了一项假设,我们就会用实验的方法去证实或者证伪。积极心理学在创立之初就非常重视实践和应用，世界六大积极心理学研究中心在2016年联合成立了国际积极教育联盟，致力于把积极心理学的理论和方法应用于教育的实践过程中。

积极心理学创始人之一马丁·塞利格曼教授有一个有趣的比喻：如果把人的心理状态分成正负值，那么有心理问题的人可以是–1、–2或–6、–8，通过心理治疗（包括咨询和/或吃药）能勉强恢复到0的状态；更多人的状态处于+1、+2，尤其是孩子，他们天生就是积极快乐的，但为什么他们在上了小学、中学以后就变得越来越不快乐了呢？

有没有什么方法可以让孩子把积极快乐继续保持下去，从+1、+2提高到+6、+8呢？这就是积极心理学的研究内容。马丁·塞利格曼经过研究后提出了"习得性无助"的概念，这个概念在教育心理学中颇为经典，我们可以用它来解释孩子受到挫折打击之后学习无助的现象。他由此反思，既然无助感是可以习得的，那么反过来的积极乐观是不是也是可以习得的呢？于是，他从对习得性无助的研究转变为对习得性乐观的研究，这也是积极心理学的研究由来。

在生活风平浪静的情况下，+1、+2 心理状态的人并不存在什么问题，但是一旦遭到风浪的打击，如果没有积极应对的心态和方法，就很容易滑向 –1、–2 的一端了。就像中医的"治未病"一样，如果提前给孩子注射积极心理的疫苗，就能让他们在心理疾病发生之前获得对抗挫折、压力和打击的能力。父母都希望自己的孩子幸福，也希望自己幸福。那么，什么样的幸福才是真正的幸福呢？**简单的快乐不是真正的幸福，有意义的快乐才是真正的幸福**。相对于幸福 1.0[只强调快乐（happiness）的幸福]，积极心理学提出了幸福 2.0 的 PERMA 理论，即强调只有具备了积极情绪（positive emotion）、积极投入（engagement）、积极的人际关系（relationships）、意义（meaning）、成就（accomplishment）这五个元素，才能获得真实和持久的幸福。在 PERMA 理论的五个模块基础上，我们加上"积极自我"（培育自尊自信的自我），构成了积极教育的"6+2体系"[①]，即从六个方面培养孩子幸福的能力。而且，作为国内积极心理学和积极教育的领军人物，清华大学的彭凯平教授特别前瞻性地提出来，在人工智能高度发展的时代，要格外重视发展孩子的积极天性，尤其是 ACE 三方面，即审美力（aesthetic）、创造力（creativity）、共情力（empathy），这三项能力是人类特有的、不会被人工智能取代的能力。

积极心理学和积极教育是面向未来的教育。时代的变化并不可知，唯一可以确定的就是变化。我们也许无法为孩子准备好未来，但需要让孩子为未来做好准备。**让孩子具备积极、乐观、向上的心理品质，是让孩子在面对未来社会变化之时能够有勇气面对生活中的苦难，也有能力创造他想要的一切幸福的源泉和动力。**

[①] "6+2体系"是一套崭新的、针对如何提升教师和学生的幸福感的心理学调节方法："6"是指积极教育六大模块；"2"代表一套身心调节方法（指应用科学的方法，使教师和学生掌握一套通过调节身体状况改善心理的方法，从而对压力、情绪、专注力等进行良好的管理，包括科学的呼吸、放松、冥想、睡眠、锻炼等）和一套品格优势养成系统（指帮助学校系统、科学地为学生培训品格优势，使学生具有稳定、健全、积极的人格特质，使学生的持久幸福感获得人格保障）。

如何发现孩子的品格优势

积极品格优势识别研究起源于积极心理学对积极心理品质培养的需求，既然要培养人的积极品质，那么又有哪些积极品质呢？相对于治疗精神疾病的清单——《精神障碍诊断与统计手册》(*The Diagnostic and Statistical Manual of Mental Disorders*, DSM)，我们可以将其视为所有"消极品质"的集合。积极心理学也需要建立积极心理品质的清单，即"六大美德24项积极品格优势"。彼得森（Peterson）和塞利格曼等人（2004）编制了《优势行动价值问卷》(*Values In Action Inventory of Strengths*, VIA-IS)，并根据实证研究的成果不断修订和完善。世界各地的研究者借助这些标准化的测量工具开展了大量实证研究，发现品格优势与主观幸福感、心理健康、心理弹性、学业成就、生命质量等心理变量密切相关。

借助积极品格优势识别工具,可以识别个体的优势,每个人都有 3~5 项优势,也有 3~5 项劣势。

相对于传统的"木桶理论"找出短板和弥补短板(见图 1–2a),修正之后的"斜木桶理论"发现长板越长盛水量越多(见图 1–2b)。积极教育提倡个体应找出自己突出的优势,同时在生活中应用并加强它们。发现个体的品格优势并进行教育,可以重塑个体的自信和自尊,从而对抗弥补短板带来的无助感,展现优势并让它们变得更好,可以用它们来抵抗劣势,以及这些劣势带来的不快乐。古语云"三岁看大、七岁看老",孩子的积极天性和优势在出生后的前六年会逐渐固定到他擅长的方面。如果孩子发现自己在做某些事后会受到称赞、关爱和注意,他就会刻意多做这些方面的事。塑造孩子个性的过程是其优势、兴趣和天赋的交互作用,在他发现在自己的小小世界中什么是有效的、什么是行不通的后,他就会去发展他的优势而放弃不擅长的部分。

1–2a　　　　　　　1–2b

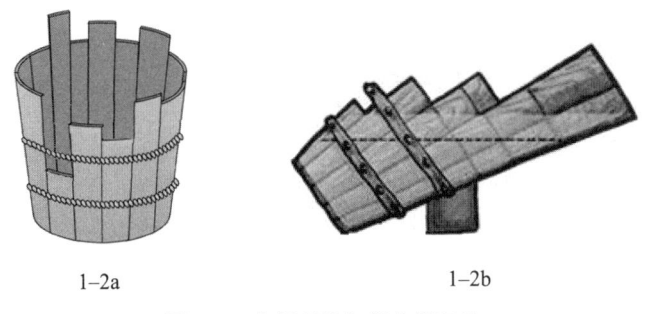

图 1–2　木桶理论与斜木桶理论

如何发现孩子的品格优势？在现实生活中，我们往往更加在乎孩子的缺点而不是优点。如果你分别问问自己"孩子有什么缺点"和"孩子有什么优点"，那么你说出的缺点很可能会更多，回答得也更快。你该如何去关注孩子的优点而不是缺点呢？这就需要你有足够的优点词汇，并且善于发现孩子的优点。积极品格优势也是这样，而且品格优势并非天生的、一成不变的，而是能通过后天培养的。

要想发现孩子的品格优势，那么不仅可以借鉴积极心理学 24 项优势美德测试（学生版），还可以借助以下两个游戏。

- **积极的自我介绍**。引导孩子多说自己的优点而不是缺点，即便是有缺点的地方，也要看看能不能变成优点。
- **戴高帽游戏**。具体做法是，先给家庭或班级成员讲解各项积极品格优势，请大家分组对每项品格进行解释和理解，对于有争议的地方要通过讨论达成共识。然后，从讨论达成共识的品格优势选项中选出三个，并由全体成员为孩子进行三项品格优势的评价投票，通过计票即可得出孩子排名前三位的品格优势，这些品格优势即为孩子在他者眼中的品格优势。接着，请孩子分享他认为自己具有哪些品格优势，是否与大家投票出来的优势相匹配，并说出匹配或不匹配的原因或感想。通过轮流参与"戴高帽游戏"，可以识别出每位成员的积极品格优势，从而在小群体内互相了解每位成员的积极品格优势，不但可以让家庭成员之间、师生之间、生生之间加深理解，还可以让孩子通过正确识别自身的品格优势，建构更加积极的自我。

练习

请在下面的横线上记录你们通过游戏发现的孩子的优势。

_____

_____

_____

在父母和孩子认识到他的优势后,就可以一起来做优势故事练习了。做这个练习的时间和地点很随意,可以在饭后、接送孩子上下学期间、逛超市的路上,还可以是在某次聊天期间穿插一个小故事,等等。你可以让孩子选择一个自己的优势,然后让他给你讲一个生活中发生的与这个优势相关的故事。在孩子讲完自己的故事之后,你可以从自己的角度出发描述一个在他身上发生的优势故事。比如,你回忆孩子做过的那些积极的、能体现他某些优势的事情,思考这些事情体现了孩子具有哪些优势品格。如果孩子不知道怎么开口来描述,那么你不妨给孩子讲述一个自己的故事。下面这个故事是我(李晓彤)和弟弟的故事。

案例

一个星期五的下午,正在读高二的弟弟垂头丧气地回到家,甚至到了吃晚饭的时候,父母和我轮番去喊他吃饭,他也不愿意过来吃饭。作为姐姐的我不能坐视不管,把弟弟从床上拽起来,要他"陪我"去逛超市。

到了超市,我拿了一盒弟弟最爱吃的夹心饼干,随手放进了购物车,弟弟反问道:"姐,你买这个干什么呀?热量很高的。""买来给你吃啊,我看你心情不好,吃点甜的开心一下。"弟弟笑了,我知道我的机会来了,想试试能不能问出点什么:"我看你今天心情很不好,是在学校发生了什么不愉快的事情吗?方便和我说说吗?"弟弟有点不情愿的样子,我没着急追问下去,接着自言自语起来。"我一直觉得我弟弟是个很厉害的人物,未来一定会成就一番事业的……"弟弟回应道:"成就事业?姐,你可太高看我了,我怕是连个好大学都考不上!""怎么可能呢?!我一直觉得你是个很牛的人,我记得你在高一的时候用了半年的时间减掉了40斤。当时我听说你要减肥,我的第一反应就是你是一时兴起,坚持不下去的,结果你给了我惊喜,真的咬牙坚持做到了。通过这件事我就知道,我弟弟是一个非常自律且很有毅力的孩子,这样的人是一定能做出成绩的。当然,在这个过程中,你肯定会受挫,会遇到困难,会忍受别人看不到的艰难。我想大概你最近也是遇到了一些烦心事吧。"在我帮他回忆这段经历后,弟弟又重拾信心,愿意和我聊聊最近他遇到的那些困惑。后来他告诉我,他在那段时间和好朋友发生了不易调和的矛盾,学习成绩也因此受到了很大的影响。通过回忆这些优势故事,就能帮他重拾信心,重新起航了。

优势故事练习可以有效促进亲子关系,让父母在看到孩子的优势与潜能的同时,还能让孩子觉得自己的优势具体、真实。

与抗逆力相关的品格优势

曾有人问我,培养孩子的抗逆力,是否需要给孩子做挫折教育?

我的回答是,**完全没必要!**

培养孩子的抗逆力,不能从挫折教育入手,因为孩子在成长的过程中经历的挫败感已经非常多了:小时候学走路会摔跤,但是他还能每次都爬起来,最终学会了走路;上学后还要面临各种大大小小的考试,如果考得不好,那也是一种挫折。对此,为什么有的孩子会一蹶不振呢?因为父母和老师对孩子犯错之后的看法是不一样的,也就是说,孩子学走路时摔倒了,成年人会鼓励他继续努力;考试失败之后,成年人则很可能是批评甚至是挖苦、讽刺，孩子久而久之便形成了习得性无助。因此，**不要再对孩子进行挫败打击了，而应从积极的方面去鼓励和培养，这样才能起到更好的效果。**

我们做过积极心理学的相关研究，发现有六项积极的品格优势与抗逆力呈正相关，分别是乐观、希望、活力、毅力、幽默、感恩，每一项都可以从积极的角度来解读。也就是说，要想正向提升培养孩子的抗逆力，就可以从培养这六项积极的品格优势入手。我将在接下来的各章分别介绍每项品格优势。

凡是可以从正面表述的事皆可谓"积极"。积极有什么用？遇到事情一定要往好处想吗？生活本来就是两面的。如果从积极心理学的视角来看，生活不是一帆风顺的，总会遇到挫折和打击。面对挫折和打击（大部分人并没有学会如何应对），相较于乐观者，悲观者很容易滑到负的一面，产生心理问题；相反，如果事先学习掌握了应对挫折的方法，且有意识地看到生活积极的一面，就可以预防消极、抑郁，从消极转变为积极。这就是积极心理学的作用。

乐观的人展望未来时也会充满希望，相信总会有好的事情发生，只要努力就会有好运气。即使面对生活中的不顺心，也总能保持快乐的情绪，相信一切都会过去，还能适时地调整自己的心情，以乐观的态度去解决问题，而不是踟蹰不前。

有活力的人总能全身心地投入学习和生活，无论是在社交中还是在工作中都有着强烈的感染力和吸引力，他们给人的感受往往是真诚的、积极的、乐观的；他们的活力也感染着周围人的情绪，让别人的心境变得美妙，让别人感到愉快和兴奋。

有毅力的人有始有终，而且很少抱怨。坚持和毅力比天赋更能预测一个人未来的表现，在遇到挫折、失败时，仍能坚持不懈地朝着自己的目标努力，这才是决定成功的因素。

幽默的人能给别人带来欢笑，他们自己也喜欢笑，总是会看到事情光明的一面。在一些气氛紧张的场合，幽默感可以化解尴尬，让大家觉得放松。

感恩是一种积极情绪，它是对生命的感谢和欣赏。懂得感恩的人会向别人表达感谢，心存感恩之心会让人觉得生活特别美好。懂得感恩的人能善待他人，也往往会被他人善待，这是一个良性循环。感恩将使你对生活、对一切美好的事物心存感激，从而一生被美好的事物包围。

由此可见，拥有以上六个积极品格优势的人，一定能够拥有足够的抗逆力，以对抗生活和学习中的一切困难，积极地去面对挫折。

放轻松，别那么焦虑

我们曾经做过一项研究，调研了全国几百所中小学和幼儿园的父母，发现 60% 以上的父母都存在着育儿焦虑，其中 30% 的父母是过度焦虑的。我们总结了一下，发现他们焦虑的原因主要有两个字——"比"和"怕"。

"比"是指父母最常见的不恰当的比较，通常是拿自己家的孩子跟别人家的孩子比，尤其是拿自己家的孩子的短处跟别人家的孩子的长处比，这种不恰当的比较会让父母越来越焦虑。就算是要做比较，最好也是让孩子跟自己比，看看他今天比昨天、这个月比上个月、今年比去年是不是有进步。此外，父母千万不要拿自己当年跟孩子比，时代已经变化了，这种比较也没有太大的意义了。

第二个字"怕"也是一种很常见的现象。不过，有多个子女的父母已经有了体会，有句话说"第一个孩子照书养，第二个孩子照猪养"，发现养孩子也没什么大不了的，对吗？这就是因为他们已经养过一个孩子了，知道了孩子生理成长的规律。同理，如果你知道了孩子心理成长的规律，就不会那么怕了。

焦虑本身就是对未知情况的一种担忧和恐惧，在没有养孩子之前，有不少人会担心自己不会养孩子，便找一些书来看，结果越看越焦虑，用书上讲的内容对照自己孩子的成长，一会儿担心孩子牙齿长得慢，一会儿又担心孩子不会爬；等孩子一岁了，又担心孩子走不好、跑不好；等孩子两岁了，又开始担心孩子怎么还不会好好说话……其实，随着孩子的成长，你会发现这些问题慢慢地都不算什么问题，孩子的成长是有其自身发展规律的。比如，1~2岁是学步期，2~3岁是语言发展的关键期，孩子会在这个时间段里发展自己相应的能力，只是存在个体差异，不同的孩子有早晚快慢之分。

人在面对未知时会感到恐惧和焦虑也是正常现象，但是不要过度焦虑。焦虑是人类进化过程中留存下来的一种应对措施。想象一下在原始社会，人们在打猎的时候，一心想要捉住小兔子作为猎物时，要不要担心、恐惧后面可能有狮子、老虎盯着自己呢？如果不担心、不焦虑，就有可能被老虎、狮子吃掉了。人们在采果子的时候，在关心这个果子红不红、甜不甜时，要不要担心它可能有毒呢？如果不担心、不焦虑，就有可能吃到有毒的果子，人类就难以留存下来了，进化到现在的人们一定是保留了担心和焦虑的警惕性才能活得长、活得久。现代脑科学的研究也发现，人类的大脑对于负面的信息、负面情绪的反应也是最快的，来自本能的恐惧、愤怒、反抗的反应时间比大脑的理智反应要快40毫秒左右。

焦虑是分等级的。比如，当人们面对狮子、老虎时，焦虑的等级要高一些，而在面对狐狸、野猫时，焦虑的等级则不会那么高。也就是说，人们无须用应对老虎的焦虑去应对野猫。

保持中等程度的焦虑，有助于人们完成相应难度的任务，有助于发挥最佳效率。在你了解了孩子成长的规律后，就会发现养育孩子并没有想象中的可怕，尤其是在面对众说纷纭的教育理念时，你也会有自己的见解和判断，不会"乱花渐欲迷人眼"了。

家庭教育包括对孩子的三育——生育、养育和教育。一方面，父母要提高自己的学习能力，了解更多积极教育的内容；另一方面，父母还要接纳和包容孩子，从孩子的优势入手而不是只关注孩子的缺点。通过对孩子品格优势的发现与塑造，能帮助他建立起健全的人格，有效发挥孩子自身的心理优势与潜能，帮助他获得更高水平的心理健康，养成更好的学习与生活品质。同时，孩子的品格优势也是家庭积极环境特质的反映，在生活中表现出善良、合作优势的孩子会较少出现抑郁症状，具有爱与被爱、信念等优势的孩子有更高的生活满意度。因此，在家庭教育环境中培养孩子积极的品格优势也显得同样重要。接下来的各章，我们将逐一具体阐述如何培养孩子乐观、希望、活力、毅力、幽默、感恩这六大积极心理品质。

第 2 章

乐观

乐观是一种积极心理资本

温斯顿·丘吉尔曾经说过:"悲观者会从每个机遇中看到困难,乐观者会从每个困难中看到机遇。"这是对乐观的通俗表达。请先想一想:你是乐观者还是悲观者?你能不能从坏事中看到好的一面?

遭遇挫折的时候,你的心态是好还是坏,其实是不同思维方式的结果。也就是说,当你用消极悲观的思维方式去看待事物时,就更容易对现状感到无力;当你拥有积极乐观的思维方式时,就更容易保持良好的心态,积极主动地采取行动。

案例

有一家鞋厂的两名业务员去一个居住在海岛上的部落卖鞋,发现那里的人都不穿鞋。一名业务员悲观地说:"这个部落里的人都不穿鞋子,我没法把鞋子卖给他们,鞋子在这里没有市场。"另一名业务员则乐观地说:"不对,既然这个部落的人都没鞋子穿,那么他们都是我们的潜在客户,这里的市场前景一片大好!"后者就是采用了积极乐观的思维方式。

从东方的文化和哲学思想来看,积极乐观并不是一定要像打鸡血那样一味地强调极端的积极。东方文化中的理性平和、处乱不惊的思维方式也是一种积极的思维。东方文化中有一种说法,用来形容思维的不同境界:第一重境界,看山是山,看水是水;第二重境界,看山不是山,看水不是水;第三重境界,看山还是山,看水还是水。

瑞士心理学家让·皮亚杰提出,人的思维对环境有两种基本的适应方式：一种适应方式叫"同化"，就是用我们头脑中已有的东西去理解新发生的事情，通过把新发生的事情加以修改以符合我们头脑中原有的认知模式；另一种适应方式叫"顺应"，即我们不改变这些新事物，而是通过改变我们自己的认知模式来适应这些新事物。无论是主动的改变还是被动的改变，最终都能达到对环境的适应（即平衡）。这是东方文化中的中庸之道——"笑看云卷云舒，坐看风起云涌，静观花开花落"也是一种积极心态。

乐观作为积极心理资本四要素 HERO[①] 之一，具有不可忽视的积极正能量。这四个要素都是个体的基本心理状态，都符合积极、独特、可以测量、可以开发塑造、与绩效相关等积极组织行为的标准。积极心理资本不只是以上四种心理要素的简单叠加，还是一种整体的心理建构，能产生超出各成分的简单之和的额外效应。

[①] 积极心理资本由希望（hope）、效能（efficacy）、韧性（resilience）和乐观（optimism）四个维度构成，其英文首字母缩写为 HERO（英雄），我们称之为内在的"英雄"。

积极心理资本是一种综合的、整体的心理力量。已经有大量的研究和实践证明，积极心理资本有助于提升积极的工作态度、行为和绩效，与员工的创造力、解决问题的能力和创新密切相关，与学业、职场成功和心理健康有关。心理资本的提出者弗雷德·路桑斯（Fred Luthans）特别强调，积极心理资本是一种动态的、可以后天培养的积极心理力量。无论你过去是怎么度过的、现在是怎样的人，只要悉心修炼、打造你自己的积极心理资本，就能在未来更好地实践自己的梦想。

你有没有听你的孩子说过这样的话：

- 反正我再怎么努力，考试也还是考不过别人；
- 我是我们班最笨的人，什么都做不好；
- 同学们去公园玩没告诉我，他们是不是不喜欢我？

生活中，很多人在发生一些不太如意的事情时，第一反应就是自我责怪，觉得自己做什么都不行，从而陷入消极的情绪当中。如果孩子有这样的表现，就说明他的心态比较悲观。

悲观的人会认为发生不好的事情都是自己的错,这件事会让一切都变得很糟糕,而且会持续很久。面对同样的事情,乐观的人则会觉得现在这种不好的状况只是暂时的,每一次的失败都有它的原因——可能是自己没做好,也可能是环境、运气或其他人为因素所致。面对挫折时,这两种思维方式会带来不同的结果:悲观的人会觉得事情没有希望,很容易放弃,情绪也会比较沮丧,常常陷入抑郁中;乐观的人则会把它视为一种挑战,并且更努力地去克服它。因此,乐观的人在学习、工作和生活中的表现都会比较好,情绪和心态也更加积极,每天都充满活力,抗逆力的表现也会更好。

保持乐观的归因解释风格

有的父母在看到孩子破罐破摔时会不知所措。要知道,"破罐破摔"是一个比喻,如果孩子遭遇了太多挫折,从而放弃努力选择"摆烂躺平",就是心理学中的经典现象习得性无助了,即无助感是习得的,而不是天生的。

既然无助感是习得的,那么积极乐观也是可以习得的。这就是积极心理学的创始人马丁·塞利格曼教授的经典研究,也是积极心理学的诞生缘起。

⚛ 心理学实验

在实验中,塞利格曼团队给笼子里的小狗做电击刺激,发现被电击的小狗在意识到自己怎么逃也逃不掉后便放弃了反抗。即便是实验人员在后来撤掉了电击,小狗也坐在那里一动不动,就像破罐破摔一样——你随便电击吧,我不跑了。塞利格曼把这个现象描述为"习得性无助",可以用来解释学生学习时如果越学越学不会、不断遭受挫折和打击,也容易放弃的情况。

不过,只是发现问题还不行,还得去解决问题。塞利格曼团队就反过来思考,是不是也有习得性乐观呢?

答案是肯定的!积极心理学家发现,乐观也是可以习得的。当你发现孩子有破罐破摔心态时,可以试试习得性乐观的练习,帮助孩子变得更加积极!从积极心理学的研究来看,习得性无助的反面是习得性乐观,而习得性乐观是一种典型的积极思维方式,积极思维的作用和好处不胜枚举。经过若干年的实验，塞利格曼的积极心理学团队清楚地知道失败后能否重新振作不是天生的人格特质，而是可以学习的。**习得性乐观最主要的应用为摆脱抑郁症、提高成就、改善健康状况，还能给人带来全新的自我认知。**

胜败乃兵家常事，考试失败也会时有发生。对此，有的人越挫越勇，有的人一蹶不振。如果总是考不好，就肯定会打击人的自信心。该如何应对呢？从心理学的视角来看，主要取决于你面对困难时如何归因。认知心理学家伯纳德·韦纳（Bernard Weiner）将人们获得成功或遭遇失败归因于四个因素——努力、能力、任务难度、运气。一个人如果将成功归因于能力和努力等内部原因，他就会感到自豪、满意、信心十足，而如果认为是任务容易和运气好等外部原因时，产生的满意感则较少；相反，如果一个人把失败归结为缺乏能力或努力这种内部原因，就会产生羞愧和内疚，而如果归因于任务太难或运气不好等外部原因，羞耻和惭愧就相对比较少。可见，如果将成绩好坏归因于外在环境，你就会陷入习得性无助，觉得外在因素是不可控的，导致这样或那样的失败结果你也没办法。

人们面对失败的归因也可以用塞利格曼的解释风格理论来理解，该理论以韦纳的归因理论为蓝本。解释风格从个体儿时开始发展，如果未经干预，就会保持一辈子。当个体解释为什么某件好事或坏事会发生在自己身上时，需要从永久性（偶尔 vs 总是）、普遍性（特殊 vs 一般）与个人化（内部归因 vs 外部归因）这三个维度来考虑（见表 2–1）。

表 2–1　　　　　　　　解释风格三维度

	时间维度：影响时长	空间维度：打击范围	人格维度：原因归咎
悲观解释风格	总是（永远如此）	一般（所有情况）	内部归因（都怪我）
乐观解释风格	偶尔（暂时如此）	特殊（个别情况）	外部归因（不都怪我）

解释风格包括乐观解释风格和悲观解释风格。乐观解释风格是指个体对已经发生的好事件进行解释时，会认为总是这样、一般来说都是如此，并会进行内部归因；对已经发生的坏事情进行解释时，则认为这种事情是偶尔发生的，属于特殊情况，并且会进行外部归因。比如，如果考试成绩不错，乐观的孩子就会认为这是自己长期努力的结果，自己通

常都能取得不错的成绩，而且对于其他事情也能胜任；如果考试成绩不理想，乐观的孩子就会认为自己只是这一次没考好，可能与考试前的生病有关，后续是可以通过努力获得好成绩的。

悲观解释风格则相反。在个体遭遇负性事件时，会进行自我伤害式的归因，即认为总是会发生负性事件，这是一种普遍的情况，并且会否定自己。例如，在面对考试失败这一负性事件时，悲观的孩子会习惯性地做悲观解释，认为自己一直都是这样（永久性）、干什么都不行（普遍性）、脑子笨（个人化）。塞利格曼的研究表明，悲观解释风格会导致个体容易抑郁、无法发挥潜能、免疫机能下降等。

如果学生长期使用悲观解释风格，就会让他感到自己没有价值感、自我评价低、自卑、焦虑、无助，他会认为无论自己怎么努力都不会改变现实的情况。一旦他相信没有任何事情能获得好转，就会放弃、不再继续尝试，也就是"摆烂躺平"了。

乐观 第 2 章

下面有一个小测试,你可以陪着孩子来完成,这能帮助你简单地了解孩子的解释风格。注意,结果仅供参考。

| 练习 |

1. 你到你的好朋友家做客,你们玩得非常痛快。你觉得原因是:
   A. 我的好朋友那天心情好。　　　　　　　　　　0 分
   B. 我的好朋友及其家人都很和善。　　　　　　　1 分

2. 你的几个好朋友都感冒了,只有你没事儿。你觉得原因是:
   A. 我最近很健康。　　　　　　　　　　　　　　0 分
   B. 我是个身体健康的人。　　　　　　　　　　　1 分

3. 父母夸奖你做的东西很好,因为:
   A. 我很会做东西的。　　　　　　　　　　　　　1 分
   B. 父母喜欢我做的东西。　　　　　　　　　　　0 分

4. 你的宠物在车祸中丧生,你觉得原因是:
   A. 我没有好好照顾它。　　　　　　　　　　　　1 分
   B. 开车的人太不小心了。　　　　　　　　　　　0 分

5. 有个人偷了你的钱,你觉得:
   A. 那个人不诚实。　　　　　　　　　　　　　　0 分

B. 现在的大人、小孩都不诚实。　　　　　　　　1分

6. 你漏接了一个球，你的球队因此输了，你觉得：

A. 我那天打球没有尽力。　　　　　　　　　　0分

B. 我平常打球都没有尽力。　　　　　　　　　　1分

孩子完成后，请将第1、2、3题的分数相加，再减去第4、5、6题相加的分数之和。如果得分大于0，就说明他可能是一个乐观型解释风格的人；如果得分小于0，就代表他可能是一个悲观型解释风格的人。

当然，解释风格不是一成不变的，无论孩子当下是悲观的解释风格还是乐观的解释风格，他都可以通过学习和练习，最终学会运用积极乐观的归因方式，让自己成为一个乐观、开朗的人。

如果仅凭孩子自己的努力并不能从根本上改变他的解释风格，那么父母和老师也要改变自己的解释风格，转变对诸如考试失败这种负性事件的态度。如何做呢？可以先根据解释风格的三个维度对大脑中的自动化归因解释进行评估：

- 这个想法是永久性的还是短暂性的?
- 这个想法是普遍性的还是特殊性的?
- 这个想法是人格化的还是非人格化的?

然后,举出例证——反驳。改变解释风格特别重要的一个方法是基于事实举出反面例证,比如,孩子在学习中总会有小小的进步或闪光点,父母和老师可以帮助孩子找到更多的例证,进一步拓展他的认知空间,扩充他的优点和长处,获得更多的自信,这也是丰富孩子内心世界、认可自我、重塑自我的开始。

练习

请孩子举出一个关于他自己的负性想法,然后用解释风格的三个维度对它进行评估,再用例证去反驳这个想法。请在下面的横线上记下来吧!

_____

_____

_____

此外,父母和老师还可以引导孩子从改变语言开始尝试,对于同一件事,换个说法后就会大不同。比如,孩子遇到了难题,他可能会抱怨"我就是不懂""这对我来说太难了,根本没法理解"。那么不妨引导孩子换个说法:"我忽略了什么吗?"通过让孩子转换思维,也能让孩子觉得只要把自己漏掉的、忽略的找出来,就肯定能搞明白。当然,要做到这一点,需要在日常生活中不断地练习,才能让孩子养成从积极视角看问题的习惯。对此,我们发现训练孩子的成长型思维至关重要,至于如何培养孩子的成长型思维,我们将在第 5 章关于坚毅的部分讲解。

| 练习 |

对于同一件事情,让孩子从消极和积极的两个角度去解释,并在下面的横线上写下来。

_____

_____

_____

其实，无论是悲观的人还是乐观的人，在遇到负性事件时都会产生消极情绪，这是很正常的。只不过，乐观的人的解释和归因能够让他从消极情绪中很快地走出来，悲观的人往往深陷消极情绪和负面思维中久久不能自拔。

最后还需要强调一下，乐观的解释风格并不是盲目乐观，而是让我们能够用积极的心态去全面、客观地分析问题，进而更好地应对和想出解决方案。

积极和消极的黄金比例

尽管我们一再对积极思维推崇备至,但是人类为什么还有消极思维呢?从进化心理学的角度来看,以生物"求存"的角度来看,任何负面情绪都有其积极意义,它提醒我们要做出行为的调整与改变,进而适应环境、利于生存。在7000万年以前,哺乳动物的祖先为躲避恐龙的袭击而小心翼翼,对最轻微的响声也要保持警惕,否则很可能会有生命危险。如果它们没有躲过危险,生命就彻底结束了,也就进化不下去了。因此,我们这些通过层层生存竞争、优胜劣汰最终存活下来的人类,基因里镌刻着对负面经验的记忆,对负面情绪的体验也会更加复杂和强烈。

积极心理学并不完全否定消极,消极也有其积极的价

值；不能盲目积极，积极和消极需要保持一定的比例，才能发挥出积极的合理效果。

心理学实验

积极心理学家马尔西亚·洛萨达（Marcial Losada）曾录下60家公司开会时所有的对话，并将对话中的每个句子根据积极或消极的词语进行编码，计算积极与消极的比例。通过长期追踪研究，她发现其中三分之一的公司生意红火，三分之一的公司运转得还不错，剩下的三分之一正面临破产。而对照积极和消极的比例，她发现当积极与消极的比例大于2.9∶1时，公司就会蓬勃发展；低于这个比例，公司的经营就不好。不过，洛萨达也提醒说"不要过度追求积极"。生命就像是一艘船，积极情绪像船帆，为船提供动力；消极情绪像船舵，与船的前行方向有关。如果积极和消极的比例超过13∶1，就好像船没有了船舵，再积极的船也会漂浮不定，让人觉得不可靠。

后来，约翰·戈特曼（John Gottman）用同样的方法统计了夫妇在一个周末里的谈话。发现如果积极语言和消极语言的比例低于3∶1，就意味着他们快离婚了。要想获得紧密和充满爱的婚姻，积极和消极的比例需要达到5∶1。也就是说，一方对另一方的每句批评都要配有5句积极的话来弥补。如果一对夫妇在日常沟通中，积极和消极的比例长期为1∶3，他们就有可能走向婚姻破裂了。

同样，父母在教育孩子时，如果发现了孩子的一个缺点并进行了批评教育后，最好再找到孩子身上的3~5个优点，即所谓的"打一打揉五揉"，**将积极和消极的比例保持在3∶1到5∶1，让孩子知道自己并不是一无是处**。比如，在传统的教育方式中，父母在看到孩子拿回一张考了99分的试卷后，经常会挖苦或讽刺孩子那1分是怎么丢的，这会大大打压孩子的积极性。遇到这种情况，父母最好先接纳孩子的成绩，要表扬和鼓励孩子获得的99分是来之不易的，分析他把哪些会做的都做对了，不会的是怎么攻克的，让孩子对自己的成就有了充分的信心后，再去看那1分到底是怎么丢的，这样才

> 能起到最好的效果。如果父母只关注那 1 分是怎么丢的，那么以后孩子考了 98 或 95 分，他都不敢回来报喜了，其学习兴趣可能也随之一点一点地被磨没了。

没有完美的孩子，也没有完美的父母，只有先接纳才有可能改变。心理学中有一个"白熊效应"，一位心理学家曾让听众千万不要去想那只白熊，但人们禁不住都会在脑海里面出现一个"白熊"的形象。就像你去劝闺密千万不要去想那个"渣男"一样，你越这样说她就越会去想。同样的道理，如果你跟烦恼和焦虑对抗，越不让你想那件烦心事，你就越可能会去想，因此你不要去和头脑中的想法对抗。**要想改变，就得先接纳，**接纳不良情绪的存在。在你接纳了不良情绪的存在后，就会发现你的情绪会慢慢地稳定下来，从而让理智思维占上风，去思考解决问题的办法。这其中也有脑科学的证据支持，因为大脑中主导负面情绪的中枢是杏仁核，杏仁核会先于大脑的新皮层[①]40 毫秒去处理信息。要想

---

① 在大脑的前额区域进化出了"新皮层"，这个脑区被称为理智脑，主管理智。

控制住情绪，就要先给新皮层争取时间，才能让理智思维来接管。

积极情绪固然能激发人的创造力、适应能力和自信心等，但消极情绪会让人精力集中、冷静思考、更加谨慎。不少哲学家和心理学家也劝告世人，人生苦难重重，经历痛苦本身才是通往解脱之路。这就要求人们在面对令自己感觉糟糕的事实时，要不断反思和修正自己的认知和行为，最终获得持久的平静和安然。如果没有负面情绪，我们就可能会不思进取、安于现状，用不了多久就会在生存竞争中败下阵来；相反，如果负面情绪过于强烈和持久，那么也会对人体造成伤害，可能会引发高血压、心脏病、头痛、胃溃疡、乳腺癌等多种疾病。有这样一个发人深思的规律：**人越能够接纳负面情绪，就越不会受到负面情绪的困扰；越想逃避或摆脱负面情绪，就越会深陷其中。**

当然，接纳并不是不改变，而是改变的第一步。如果把情绪比作一头桀骜不驯的大象，你就要做驯服大象的骑象人——接纳它、安抚它、稳定它。除了接纳情绪、接纳自己外，还要接纳他人、接纳事件的发生，就像那句话所说"允许一切都发生"。一旦让孩子有了这样的心态，他的内心自然就会强大起来，抗逆力也就在不知不觉中培养起来了。

培养积极的思维方式的练习

既然乐观这么重要,那么有什么方法能帮助孩子保持乐观呢?以下将介绍一些简单实用的方法。

三件好事练习

所谓"三件好事练习",就是每天记录当天发生的三件好事。这里所说的"好事",泛指一切美好的事情,包括日常生活中发生的大大小小的好事,尤其是我们身边发生的细小平凡的好事。这个方法起源于积极心理学的一个科学实验。

心理学实验

在实验中,心理学家招募了一批被试,让他们每天晚上写下当天发生的三件好事,并描述好事发生的原因。被试坚持记录了一星期的"三件好事",实验人员在一个星期后、一个月后、三个月后、半年后分别进行了追踪调查,发现被试的积极乐观程度一直在持续提升。

让孩子做三件好事练习的要求非常简单,就是每天在日记本或作文本上记录当天发生的三件好事。这些好事可以是任何能触发他产生积极情绪的小事,比如,读到一本好书、吃到一道好菜、听到别人的一个好消息、在公交车或地铁上有人给他让座、在电梯门口有人给他留门,或者有 10 分钟的独处时光等。这些小的好事既可以是让人感到开心、幸福、好玩、有趣的小事,也可以是明媚的阳光、清新的空气等让人感到舒服和满足这样的小事。鼓励孩子把它们记录下来,多多益善。在这个练习中,**最重要的是坚持**。只要采取行动，记录上一段时间，短则一两个星期，长则一两个月，三件好事练习就会让孩子体会到效果——凡事不破不立，破而后立的就是更加积极的心态！

| 练习 |

在下面的横线上记录孩子今天的三件好事。

_____

_____

_____

将消极思维转变为积极思维的练习

如果孩子觉得只是记录生活中的琐事没有挑战，那么可以试着把看似不好的事情转变为好的事情，这就像"塞翁失马，焉知非福"一样，即把消极思维转变为积极思维。

如何把消极思维转变为积极思维？关键就在于改变你对

事件的解读和想法（即归因解释风格）。心理学认知行为疗法中常用的 ABC 理论，意思是在一件事情（activating event，简称"A"，通常指困境）发生后，会产生什么样的结果（consequence，简称"C"，或好或坏），是跟我们对这件事情的看法（belief，简称"B"，积极或消极）息息相关的（见图 2-1）。例如，在打翻了一瓶水后（客观发生了的事情），如果你认为是因为自己笨手笨脚才打翻的（消极看法），你就会懊悔不已（不好的结果）；如果你庆幸还有半瓶水可以喝（积极看法），你的心情就不会那么糟糕了（好的结果）。如

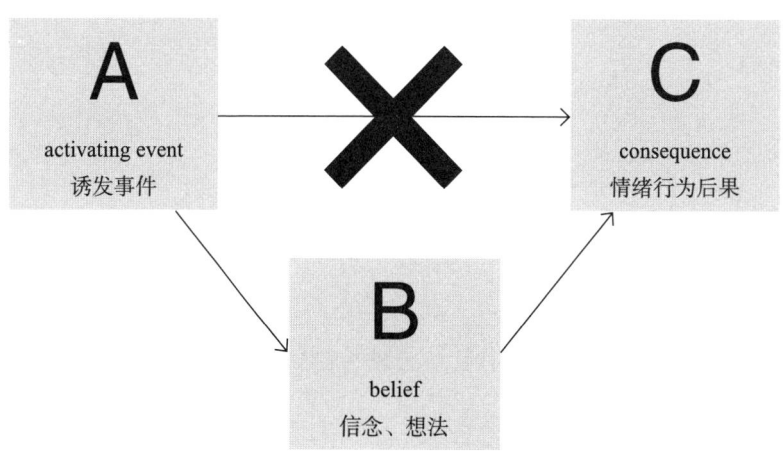

图 2-1　ABC 理论模型

何才能改变不好的结果？**需要及时评估自己的想法或看法，通过反驳或辩驳改变消极的想法，把消极思维转变成积极思维。**

"积极心理学之父"马丁·塞利格曼改进了 ABC 理论模型，特意加入了反驳（disputation，简称 D），即通过各种反驳策略，挑战思维陷阱，发现消极思维，找出事实和依据，对代表着消极思维的不合理的信念进行合理化反驳，最后激发出用积极思维解决问题的方法。

如何摆脱不合理的信念？常见的不合理信念包括绝对化、概括化、灾难化等。当孩子感觉痛苦和烦恼时，要帮助他有意识地觉察和识别让他烦恼的想法中有没有绝对化要求、过分概括化、感觉糟糕至极（灾难化）等问题。比如，可以让孩子自问"有什么证据能证明我的这一观点"，也可以让孩子用夸张的方式，把自己信念的不合理、不合逻辑、不现实之处以夸张的方式放大给自己看。逐步细化问题，最终发现自己的观念并不合理。

举个例子。如果孩子跟你说"我有个缺点,别人总是关注、议论我的缺点",那么可以引导他用第三人称进行夸张的自我反驳:

- 无论你走到哪里,别人是不是什么都不干,只是关注你、议论你?(不是)
- 你身边的人是不是什么都不干,每天都只是一直在说你的不足、议论你?(不是)
- 你班里的同学是不是都很关注你、总是议论你?(不是)
- 到底有多少人议论你?(有些同学)
- 你听到他们说你了吗?(没有)
- 那你怎么说别人都在议论你?(好像并不是这样)

通过以上的自我反驳,孩子就会发现自己原有的观念并不合理,有可能犯了绝对化、概括化、灾难化等问题,逐渐建立起更加合理化的信念,从而把消极思维转变为积极思维。

心理学实验

曾经有心理学家做了一个"疤痕效应"的实验。实验招募了一些大学生作为被试，并由化妆师给这些被试的脸上画上了惟妙惟肖的疤痕。被试在镜子中看到自己脸上的疤痕后都觉得可以以假乱真。在他们出门时，心理学家安排化妆师给被试脸上补水——其实是用湿巾把画好的疤痕擦掉了，但这些被试并不知情，还以为自己脸上有疤痕。心理学家让这些被试出门走了一圈，回来谈谈感受。仍蒙在鼓里的被试认为自己脸上画了疤痕后，街上遇到的人都对他们指指点点、窃窃私语，让他们感到非常难为情，也不愿意跟人打招呼，甚至有点怒气冲冲，感觉大家对自己不友好。

我们从这个实验中可见，尽管这些被试的脸上没有疤痕，但"疤痕"却深深刻在了他们的心中。也就是说，**心中有阴霾，看到的人和事都是阴暗的；心中有阳光，才会看到外界的阳光。**可见，不是因为外貌的好坏，而是你心中的想法才会决定你对世界的看法。

将这个道理放在让孩子的心理获得积极成长的家庭教育场景中,我们可以借助以下的具体的例子来练习合理化反驳或合理化分析。

例1:要是不能通过那个重要的考试,我的人生就完了!
分析不合理之处:绝对化、灾难化。
进行合理化反驳:的确有可能会发生非常不好的事情,尽管有很多原因使我们希望不要发生这种事情,但没有任何理由说这些事绝对不该发生,况且人生有多种可能,一次考试失败并不能决定终生失败。

例2:数学考砸了,说明我在数学方面很失败!我很自责。
分析不合理之处:概括化。
进行合理化反驳:这次考得差,只能说明这一次考得不够好,但并不意味着数学方面的失败,也不能说明在别的考试中也会失败。仅根据一次经历就下定论是以偏概全、不符合逻辑的。

例3：父母动不动就骂我，让我很生气。

分析不合理之处：绝对化。

进行合理化分析：借助表2-2分析自己的绝对化要求和主观愿望，并承认客观事实，从而消除自己的绝对化要求。向父母提出你的主观希望，并尊重"有的父母开明，有的父母传统"的客观现实，各退一步便能海阔天空。

表2-2　　　　　　　　绝对化要求分析表

绝对化要求	主观愿望	客观现实
父母应该讲道理，不该训斥人	父母尊重我	有的父母开明，有的父母传统

例4和例5是我们写给父母的，希望也能借此机会帮助父母反思自己不合理的信念。

例4：我是你爸，你必须听我的话。

分析不合理之处：绝对化。

进行合理化分析：孩子也是人，孩子要长大必然要有自己的想法和价值观，假如一个孩子真的永远听父母的话，那么无论是对孩子还是父母，都是一件很悲哀的事。

例 5：你在家学习时必须专心，一点都不能分心。

分析不合理之处：绝对化。

进行合理化分析：学习分心是一种常见的心理现象，与孩子的年龄特点、学习时间、学习内容、个人身心状态以及学习环境等很多因素都有关系。

| 练习 |

请在下面的横线上写出孩子的反驳和你的反思。

练习 1：_____

分析不合理之处：_____

进行合理化反驳：_____

练习 2：_____

分析不合理之处：_____

进行合理化反驳：_____

练习 3：_____

分析不合理之处：_____

进行合理化分析：_____

练习 4：_____

分析不合理之处：_____

进行合理化分析：_____

经过以上的合理化辩驳和练习，也许有人会问：遇到事情一定要往好处想吗？生活本来就是有好坏两面的。从积极心理学的视角来看，大部分人并没有学会应对挫折和打击，尤其对于悲观者来说，在遇到挫折时会很容易滑到消极的一面，产生心理问题。如果有应对挫折的方法，有意识地看到生活积极的一面，就可以预防变得消极抑郁，或能从消极转变为积极。积极心理学的核心理念之一就是思维的转变，即**凡事确实皆有两面性，如何转换为积极的思维方式是积极心理成长的重要操作内容。**

我并不否认积极心理学的提法确实有"矫枉过正"之嫌，但我们现在教育孩子时相对会比较内敛和含蓄，不愿意承认或表露自己积极乐观的一面。因此，在孩子遇到困难的时候，也很容易受到家庭氛围潜移默化的影响，如果我们能根据积极心理学提倡的积极转变做到六到八成，就足以改变家庭气氛和教养孩子的方式了，能给一家人尤其是孩子带来积极的体验——一旦孩子体验到与父母交流的甜头,就不至于形成钻牛角尖、走极端的负面心理了。千万不要等到孩子出现了严重的心理问题,父母才想起来自己只是想要一个健康快乐的孩子,那样就为时已晚了!

保持弹性的乐观

塞利格曼的乐观箴言也说，如果失败的结果可以承受，就可以适当乐观；如果失败的后果难以承受，就不能盲目乐观。**乐观不是万能灵药，我们需要培养孩子保持弹性的乐观，即喜怒哀乐需要根据事情和情景来定，这种审时度势的乐观有助于孩子幸福地过一生。**

同样地，在面对压力时，也要保持这种辩证的智慧。当人们身处压力情境或生活发生重大转折时，很容易产生"反刍"思维，就像牛羊吃草后会反复地把草吐到嘴里再次咀嚼一样。人们也经常会把消极的想法和情绪"反刍"到大脑中，从而引发焦虑、烦躁、失眠等问题，严重地消耗了心理资源。其实，压力是在所难免的——孩子有学业的压力，成年人有工作的压力、家庭的压力、育儿的压力等。当一件事情让你或孩子感到压力时，就意味着这件事情具有一定的重要性。该如何应对这些压力呢？积极心理学认为，**压力就是工作、生活、学习的一部分，人们只需学习在压力下仍然能运转良好就足够了。** 当人们能够努力面对和适应压力时，压力自然就减少了。接纳，才是改变的开始。

关于压力，还可以参照教育心理学里面著名的耶克斯－多德森定律（见图 2–2）：动机强度和工作效率之间的关系不是一种线性关系，而是呈倒 U 形曲线关系，中等强度的动

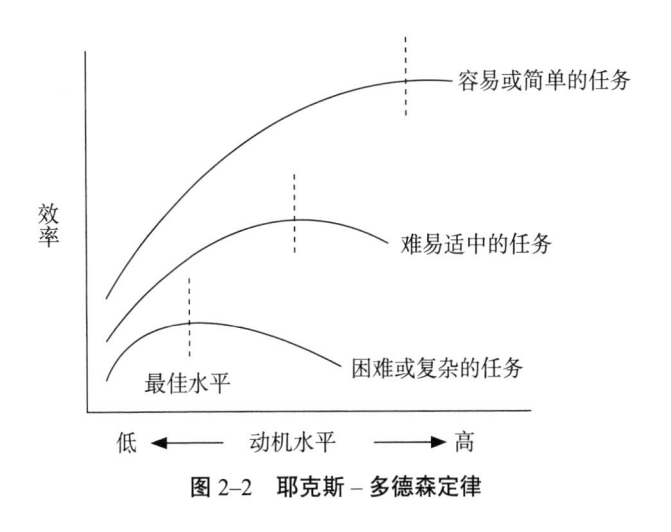

图 2-2 耶克斯－多德森定律

机最有利于任务的完成。也就是说，**动机强度处于中等水平时，工作效率最高，一旦动机强度超过了这个水平，就会对行为产生一定的阻碍作用。**

我们以孩子学习为例。如果太过功利，让孩子学习的动机太强、急于求成，就会产生焦虑和紧张，干扰了记忆和思维活动的顺利进行，使学习效率降低。孩子在中考、高考等重要考试中的怯场和压力过大的现象，主要就是由动机过强造成的。因此，在面对压力时，应先接纳压力，压力太小了需要紧一紧，压力太大了就松一松，张弛有度，让孩子学习的压力保持在中等强度的水平，也有助于其发挥出最佳的学习效率。

第 3 章

希望

有希望才会有未来

人的一生中经常会遇到一些心理危机,这些危机有很多种表现形式,例如:

- 我对什么事情都没有兴趣;
- 我很迷茫,我不知道自己为什么要活着;
- 我很空虚,我感觉自己没有用。

生命的意义到底是什么?很多人都穷尽一生去追寻。积极心理学认为,**生命的意义不是一个确定的东西,但它值得我们用一生去追寻,而这个追寻的过程本身就蕴含着生命的意义。**

孩子在学生时代确实非常容易受到家长和老师的影响，著名的"罗森塔尔效应"就是一个积极的例子。

心理学实验

心理学家罗伯特·罗森塔尔（Robert Rosenthal）到了一所小学，从一至六年级各选了三个班，并对这18个班的学生进行"未来发展趋势测验"。随后，罗森塔尔以赞许的口吻将一份"最有发展前途者"的名单交给了校长和相关老师，并叮嘱他们一定要保密，以免影响实验的正确性。事实上，这份名单中的学生都是他随机挑选出来的，他们中有的人当时并没有表现得特别优异。八个月后，罗森塔尔再次对这18个班的学生进行了测验，奇迹发生了：凡是被列入名单的学生，成绩都有了很大的进步，而且他们求知欲旺盛、性格开朗、自信十足，与他人关系融洽。

可见，罗森塔尔的"谎言"对老师起了作用：这份名单影响了老师对学生的评价，老师又将这种心理转化

> 为行动,对这些学生有更多的关心和照顾,这让他们变得有更多的自尊和自信,从而取得了很大的进步。

这个实验效果被称为"罗森塔尔效应"。它给我们的启发是,**积极的期待能激发人的潜力,让人表现得更好**。换句话说,如果孩子能获得父母和老师的喜爱,就会表现出符合父母和老师的期待,变得更加优秀。

身为父母,我们希望孩子成为老师喜欢的学生,这就需要我们激励孩子成为一名优秀的学生,可以从改变孩子的心态出发,多给孩子积极的心理暗示。心理学中还有一种"自证预言"的说法:如果一个人认为自己是积极的,就会处处表现出积极,让自己的表现符合他人的预期;如果一个人认为自己是消极的,就会处处表现出消极,从而印证自己的想法。也就是说,人会不自觉地按已知的预言来行事,最终令预言发生;另外,我们对他人的期望也会影响他人的行为,使他人能按照我们的期望行事。

如果父母对孩子有了负面的期待，就会让孩子产生负面倾向的"自证预言"，这种负面期待又很可能会因其在现实生活中获得印证而变得更为牢固。已经有研究者提出了"莫让负面期待和刻板印象成为自证预言"。**要想消除负面期待和自证预言，父母就要对孩子要抱有积极的希望。**

积极心理学中也特别重视希望。在希腊神话中，潘多拉打开魔盒后，病毒、瘟疫跑出来危害世界，最后是怎么破除的呢？就是依靠魔盒中留下的最后一样东西——希望。在积极心理资本的 HERO 模型中，第一个字母 H 所代表的就是 hope（希望）。可见，**"抱有希望"是走向积极的第一要义。**

希望是因为相信才看见，不是因为看见了才相信。对未来保持希望，不要给孩子贴上"好孩子"或"不好的孩子"的标签。就像有句话说的："孩子只是做错了题，又不是做错了人！"即便是学习不好的孩子，父母也不能放弃希望，认为孩子从此就没有未来了。只有对未来充满了希望，孩子才会对学习保持兴趣，想去追求他想要的东西。当然，这里的"学习"指的是广义的学习，是一种终生成长，而不是狭义的学习与考试相关的知识。只要孩子有自己的一技之长,就有能力去追求自己的梦想。

在《基督山伯爵》故事快结束的时候,基督山伯爵对两个年轻人说:"直至天主垂允为人类揭示未来图景的那一天来到之前,人类的全部智慧就包含在这五个字里面:等待和希望!"[1]

| 练习 |

请在下面的横线上写下你对孩子的积极的希望。

_____

_____

_____

---

[1] 此段译文援引自江苏凤凰文艺出版社于 2018 年出版的版本。

想象力能带来希望

说到想象力，就不得不提一下所谓的"神游"，也就是孩子的"走神儿"现象。"走神儿"其实也是一种艺术，心理学中有专门对"走神儿"进行研究的科学——注意力。

人的注意力可以分成四个方面，分别是广度、稳定性、分配和转移。注意力的广度是指注意的范围可大可小，不一定只是注意在同一个点上；稳定性是指注意力既可以稳定又可以不稳定，稳定的程度也是不同的，不稳定时就可能会走神儿。此外，注意力还可以进行分配和转移，也就是说可以分配到不同的事情上，还可以从一件事情转移到另一件事情上。

可见，走神儿也是注意力的一项正常功能，如果运用得当，那么走神儿也有积极的作用。

- 注意力高度集中非常消耗人体的能源，大脑难以承受长时间的高负荷运转，走神儿时则能让大脑得到休息，张弛有度是大脑的一种自我保护。
- 走神儿时，人就像做白日梦一样，大脑的想象力也得到了释放，爱走神儿的孩子的想象力通常也会非常丰富，想象力丰富的人也往往更有创造力。因此，从积极的视角来看，走神儿对于发挥创造力的作用不可或缺。心理学关于创造力的研究发现，"酝酿"和"顿悟"是发挥创造力必须经过的阶段，而这就是走神儿带来的意外之喜。
- 在某些特殊的训练（如体操、跳水）的过程中很容易发生危险，有些高难度动作在没有掌握要领的情况下，贸然去做很容易发生意外。为了降低受伤的概率，运动员需要在教练的指导下，在脑中把动作要领像过电影一样反复想象，甚至将其分解成慢镜头，逐帧分析动作要领。这个过程就是运用了白日梦的原理，有助于运动员在脑海中加深关键动作的印象，提高在实战训练中的成功率，从而达到良好的训练效果。

由此可见，作为想象的白日梦并不是只会带来走神儿的副作用，善用白日梦带来的益处很可能会超出你的想象。如果你的孩子经常在课堂中走神儿，就有必要试试走神儿带来的益处。其实这也是一种积极的心理暗示，积极利用看似有问题的走神儿，像运动员一样用走神儿来想象所学的知识，在大脑漫游的过程中将所学的知识融会贯通、加深理解。

想象力还需要好奇心来支持，好奇心和探索欲是孩子的积极天性，也是推动人类进步的动力之一。好奇心驱使着人类主动追随新奇的事物：牛顿对苹果落地好奇，发现了万有引力；瓦特对烧水壶上冒出的水蒸气好奇，改良了蒸汽机；伽利略看到吊灯摇晃后感到好奇，发现了单摆的运动规律……好奇心是富有创新精神的科学家共有的优秀品质。我们虽然不苛求每个孩子都成为科学家，但是"好奇宝宝"的事情每天都在我们身边发生。

案例

一场大雪过后,房顶上结了一些冰凌柱,太阳出来后会融化滴水。有一个小朋友早上进入幼儿园后,看到冰凌柱滴水后很感兴趣,一直仰着头盯着看。

这自然是孩子受好奇心的驱使所致。身为父母,你肯定知道要保持孩子的好奇心,但如果你是幼儿园的老师,你会让他盯着看多久呢?

10分钟,还是20分钟?幼儿园的老师让孩子一直看了40分钟。尽管这让孩子错过了吃早饭的时间,但一滴水里有大千世界。虽然谁都不知道那个孩子当时脑袋里在想什么,但一定是在思考。身为父母,我们也要支持老师的做法,极大地保护孩子的好奇心和想象力。虽然错过了一顿饭,但谁知道他会不会像牛顿那样有重大发现呢?

心理学实验

1920年,心理学史上有名的行为主义心理学家约翰·华生(John Watson)做了一个经典实验。他在一家孤儿院找了一个孤儿——小艾尔伯特,本来是做条件反射的研究。华生发现,这孩子好像天生没有恐惧感,就像初生牛犊不怕虎一样,给他小白鼠、小白兔,他都想去摸。不过,在小艾尔伯特刚要摸到的时候,华生和实验人员在背后用锤子敲击一根一米多长的铁棒,发出刺耳的声音,吓了他一跳,久而久之就建立了条件反射,让小艾尔伯特一看到毛茸茸白色的东西就会害怕,后来在他看到圣诞老人的白胡子时都觉得害怕,自然失去了探索的好奇心。

为了便于理解,我们不妨把那个刺耳的声音想象成巨大的敲锣声,我们做父母的有没有在孩子对事物充满好奇(比如,看蚂蚁、看树叶)时,有意无意地充当了敲锣声?我们可能并没有太刺耳地吼叫,只是说"宝宝,该回家吃饭了""快回家写作业吧"之类的话。虽然并无恶意,但也会像敲锣声一样打断了孩子的好奇心，然后又会抱怨孩子怎么越来越没有想象力了，怎么没有探索的欲望了……可是，该检讨的还是身为父母的我们。

好奇心和想象力是创造力的源泉，我们也希望孩子与众不同，有自己的创造力，让孩子发挥创造力的前提之一就是保护孩子的好奇心。那么，如何保护孩子的好奇心和想象力呢？

最常用的一个方法就是让孩子多思考、多问为什么。孩子在两三岁时很喜欢问"为什么"，但不少父母对此不胜其烦。孩子为什么会在这个阶段有这么多问题呢？因为孩子在不会说话时也是会思考问题的，只不过是运用动作思维和无声思维的方式，在两岁之后会进入语言爆发期，思维轨迹和语言轨迹重合，孩子很多的思考就会以语言的形式（也可以说是"出声思维的方式"）表达出来。具体来说，就是孩子会把思考问题的步骤以自言自语的方式表达出来，而当他身边有交流对象（比如父母）时，他就会问很多"为什么""这是什么""那是什么"之类的问题了。

其实，这就是我们保护孩子好奇心和想象力的教育机会，不要怕被孩子的问题难住。一方面，我们可以引导孩子自己思考回答"为什么"，因为问"为什么"也是他出声思维的方式之一；另一方面，我们也可以和孩子一起借助网络渠道查找资料。如果实在回答不了，就再想办法向更专业的人士请教，也可以找学校的老师帮助孩子，提高孩子学习的兴趣。

总之，不要把孩子的好奇心和想象力扼杀在摇篮里，不要用"哪有那么多为什么"来搪塞孩子。如果孩子会阅读了，那可以让他读一读《十万个为什么》之类的科普书，还可以让孩子自己用语音去网络中搜索资料，他会发现并不是所有的"为什么"都会有答案，也会理解父母并不是"万事通"。一定要保留孩子好奇心的种子，也许有一天就能探索出未知的答案，希望的种子总有发芽的一天。

| 练习 |

请在下面的横线上写下你的孩子对什么事情感到好奇，

以及你是如何保护孩子的好奇心的。

_____

_____

_____

绝望中的触底反弹

临床心理学家理查德·特勒斯奇(Richard Tedeschi)提出了"创伤后成长"(post-traumatic growth)的概念,以区别"创伤后应激障碍"(post-traumatic stress disorder,PTSD)。后来,彭凯平教授在此基础上提出了"创伤后成长与发展"(post-traumatic growth and development,PTGD),不仅包括恢复正常,还包括将逆境作为通向成长和获益的途径或者机遇。

以前大家认为,人在受到创伤后要么是糟糕的结果(即应激障碍),要么是适应了,反弹到跟原来一样,这就是好的结果了。但其实还有一种更好的可能性,就是成长,你经过了创伤,不但没有跌倒了爬不起来,反而变得比以前更强大。正如哲学家尼采所说:"任何不能杀死我的,都会使我更强大。"

创伤并不会自动带来成长,关键是看你是否与它抗争。一个人只要在奋斗、在抗争、在努力,就总会有成长,与是否承受了创伤无关。反过来,还需要强调的是,不能因为有些人在创伤后有了成长就把创伤说成好事。**真正的好事是抗争,无论是与创伤抗争、与一般的逆境抗争,还是与人生的其他议题抗争,乃至与"存在是否有意义"的困境抗争。**

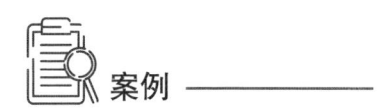

案例

"宋代第一才子"苏轼,他才华出众,仕途却无法像才华一样"漂亮"。宋仁宗执政期间推行了庆历新政,新旧两派相争。被认为支持旧党的苏轼被新党炮制出"乌台诗案",在苏辙与众好友力保下才保命被贬黄州。宋哲宗即位后,苏轼先后担任兵部尚书、礼部尚书等职。随着新党执政,又被贬惠州、儋州。被贬黄州期间,他"因祸得福",创作了不少佳作。流传千古的《念奴娇·赤壁怀古》《江城子》就是在被贬黄州时期所做。他不仅是诗人,还是一位美食家,在黄州时生活窘迫,幸好他发现了价格便宜的猪肉,便另辟蹊径研制出了东坡肉,至今仍是不少百姓心头好。在惠州时,他又发明了火烤羊脊骨,他还写信告诉弟弟,用这种方法吃羊脊骨,会让那些等着啃骨头的小狗都不高兴。苏东坡是一个容易感伤的人,也是一个善于发现快乐的人。当个人命运的悲剧一再降临时,他就用这种细小而具体的快乐将苦痛化于无形。身处逆境中,却始终能将贫困的生活过得生趣盎然,苏东坡不是第一个,也不是最后一个,却是做得最淋漓尽致的那个。

出生于小康之家的司马迁自小便在父亲司马谈的指导下习字读书,10岁时已能阅读诵习古文《尚书》《左传》《国语》等书。20岁左右又开始游历天下,广泛收集资料。他用了三年时间,走了三万多里路,可以说跨越了大半个中国。司马迁38岁时,正式做了太史令,有机会阅览汉朝宫廷所藏的一切图书、档案以及各种史料。在他48岁那年,李陵之祸,汉武帝认为司马迁"诬罔主上",判了司马迁腐刑。在狱中的司马迁面对极刑而无愠色,对于人生的思考让他豁然开朗,才有了《报任安书》中"人固有一死,或重于泰山,或轻于鸿毛,用之所趋异也"的人生观。司马迁一生担任过郎中、太史令和中书令三个官职。在汉朝体系中,这些官职并不算高,但是他在一生中游历了中华大好河山,阅读了封建王朝的无数资料,接触了无数普通百姓,也认识了当时许多的师友和著名人物。正因为当初司马迁没有钱为自己赎罪,使他对金钱有了深刻的认识和体会,写下"天下熙熙,皆为利来,天下攘攘,皆为利往"的至理名言,一语道破世间真相。自身悲痛的遭遇,成就了一位伟大的史学家,为世人留下了这本史家绝唱——《史记》。

人在一生中难免会有想放弃希望的绝望时刻。有研究指出,在创伤事件之后,大多数人会经历以下三件事。

- 重新相信自己有能力承受和战胜苦难。只有经历过、抗争过,才会对自己的潜力有更深刻的理解,信心真的比黄金还珍贵。

- 改善人际关系——发现谁是真正的朋友，谁是真正值得信赖的人，以及人际关系与物质财富相比有多重要。"患难见真情""路遥知马力，日久见人心"，只有真正的朋友才会不离不弃，能够给予真正的支持。
- 对亲密关系感觉更舒服，因为在经历创伤时对亲密关系也是一种考验。在人有过经历痛苦的亲身体会后，也会对受苦的人有更多的同情和怜悯之心。

不过，经历一个创伤性事件并从中获得成长确实极具挑战性，不要急于求得成长，创伤后成长与发展的效果需要时间和过程才能显现出来。保持希望还需要社会支持和支持性的社会环境，除了父母给孩子的支持外，如果孩子的身边还有对未来充满憧憬和希望的朋友，那么也可以成为其提升积极心态的宝贵财富。

| 练习 |

请在下面的横线上写下孩子经历的一个逆境，以及你是

如何帮助孩子走出逆境的,还可以写一写你们从中有什么收获。

_____
_____
_____

帮孩子设定人生目标

周星驰有一句很经典的电影台词："做人如果没有梦想，那跟咸鱼有什么分别啊？"其实，很多人并不缺乏人生目标，只不过是这些目标的设定可能不合理，或者经常变化自己的目标。为什么会这样呢？因为有些目标可能设定得过大，还没有来得及去追求就可能遭到现实暴击，便早早放弃了；有些目标可能设定得过于琐碎，让人感觉自己的生活被各种大大小小的目标充斥，便会觉得有点不知所措，甚至会发现自己设定的目标本身就是存在冲突的。

如果没有明确的人生目标，那么体会不到人生的意义也是正常的。如何帮助孩子制定目标？要以理想和现实统一为前提。过大过空的目标会给孩子带来"理想很丰满，现实很骨感"的不良感觉。同时，还可以借鉴心理学中"最近发展区"的理念，即让孩子"跳一跳就能摘到桃子"，这样也能提高孩子的成就感和价值感。如果还是觉得难以制定目标，那么不妨试试以下三个方法。

方法一：目标追问法

你和孩子空出来一个小时的时间，关掉手机，保证这一个小时你们完全不会受到打扰。准备一张白纸和一支笔，让孩子先在白纸上写下一句话："我这辈子是为了什么而活？"随后，让孩子回答这个问题，记录闪现在他大脑中的每一个想法，比如，"考上好大学""赚很多钱""住上很大的房子""和心爱的人幸福生活""走上人生巅峰"等。待孩子写好后，让他面对自己写下的答案，不断地追问自己："这真的是我想要的人生吗？"直到他找到那个最能触动他内心的答案。

如果孩子之前从未思考过自己的人生，那么他的答案可能会很混乱，这是很正常现象的，可以让孩子把那些对他有触动的答案圈起来，然后反复思考这几个答案，他最终的结论很可能是其中几个答案的组合。

方法二：目标倒推法

有了以上的目标以后，我们还要帮助孩子找到实现目标的路径。目标倒推法就是按照时间的倒序，从未来倒推到现在。比如，如果孩子希望10年后成为一个什么样的人，就要从那时往回倒推，把一个比较大的目标按时间分解为一个个的小目标，然后去逐个落实。这个目标的分解可以以年为单位，也可以以月甚至天为单位，分解得越细致，孩子就越知道自己现在该做什么。当然，在执行的过程中，仍然可以修正这些分解的小目标。比如，孩子想成为救死扶伤的医生，就要了解成为医生之前要做什么——得先经过专业的临床医学训练，也就是说要上一所有临床医学专业的大学；要想考上这样的大学，就要在高考时考了好成绩；要想高考考出好成绩，就需要在高中阶段好好学习……这样细致的分解需要孩子对这个行业有比较清楚的认识和理解，如果孩子对此还不太了解，就可以先把"了解这个行业"作为分解目标之一。

方法三：里程碑式目标法

由于人生目标往往是长久性的，因此其不确定性和遥远性就像一场长长的马拉松，难免会让孩子心生畏惧。此时，我们还可以使用里程碑式目标法，帮助孩子将大目标分解成一个又一个小目标，再运用"小步子法则"，在追求人生目标的道路上迈出小小的一步步，获得一个个小小的成功，让每一次的小成功成为下一次改变的基础。注意，"小步子法则"不只是一个关于如何获得最终成功的策略，更是一个让孩子有所行动的策略，其重点不是结果，而是让他采取此时此地的行动。

| 练习 |

按照适合你的孩子的方法，请在下面的横线上写下孩子制定的目标。

_____

_____

_____

用自我叙事帮孩子塑造"更好的我"

积极心理学的新近研究提出了"最好的可能自我"(the best possible selves)的概念,指个体通过自我调节(叙述或谈论积极的自我话题)可以对未来充满希望和乐观,有助于建构更加积极的自我。每个人都有很多自我,可能是我们喜欢的或不喜欢的自我,在塑造"更好的我"的过程中,可以借助自我叙事练习来实现。

通俗来讲,自我叙事就是自己讲述自己的人生故事。当你在讲述自己的生命故事时,自身建构的意义就蕴含其中。丹·P.麦克亚当斯(Dan P. MacAdams)在《我们赖以生存的故事:如何讲述过去的故事,决定了你的未来》(*The Stories*

We Live By: Personal Myths and the Making of the Self）[1]一书中列出了一个关于讲述人生故事的提纲，即可以借助以下八个关键事件来描述生命故事。为了便于你的理解，我们加上了一些解释（放在了括号里）。

- **高峰体验**。生命故事中的巅峰时刻，你一生中最棒的时候。（比如，可能是孩子在某次考试中获得了优异成绩，还可能是某位老师在不经意中对孩子的表扬，可能都让他一直记在心里。）
- **低谷体验**。生命故事中最低点，一生中最糟糕的时刻。（比如，某次重要的考试惨败、没有考上重点高中、和好朋友有不可调和的矛盾等，但终归从这个低谷中走了出来。）
- **转折点**。你对自己的理解发生了重大的变化的时刻。在事件发生时，你可能并没有意识到这是自己生命的转折点，但这不重要。重要的是现在你回头看，把这一时刻当作自己的转折点，或至少是你生命中发生了重大转变的一刻。（在回忆时，也会感慨那些困难也不过如此，自己还是可以战胜这些困

---

[1] 以下原文引述部分，援引自机械工业出版社于 2019 年出版的版本。

难的。）

- **最早的记忆**。你能记得的最早的一件事，要能记得住它的背景、场景、人物、感受和想法。这件事不一定有多重大，它很重要是因为它是你最早的记忆。（比如，上幼儿园时发生的事情，现在想起来通常是比较美好的回忆。）

- **重要的童年记忆**。你童年时印象深刻的记忆，是积极、消极都没关系。（比如，在上小学期间有哪些美好的事情。）

- **重要的青春期记忆**。青少年时期醒目的记忆。和重要的童年记忆一样，这段记忆无所谓是积极还是消极。（比如，上初中期间有哪些美好的事情。）

- **重要的成年期记忆**。从 21 岁往后的人生里，或积极或消极的一段重要记忆。

- **其他重要记忆**。追加一段过去重要的记忆。这件消极或积极的事可以在很早之前发生，也可以是最近发生。

麦克亚当斯讲完了八个关键事件后，又提到了重要人物部分。

每个人的生命故事都是由一些对故事有重大影响的重要人物组成的，包括但不限于父母、子女、配偶、恋人、朋友、老师、同事和导师。我希望你能描述你生命中最重要的四个人。其中至少有一个人不是你的亲属。请说明你与每个人的关系，以及具体描述他们是怎么对你的生命故事产生影响的。

按照上述方法，通过让孩子回忆美好的重要记忆，可以帮助他梳理人生经历，并用自传的形式把这些回忆写下来。在这个过程中，孩子在讲述或记录（即自我叙事）的过程中可以体会到人生的丰富经历，构建起意义感——人生的意义感源自孩子对自己人生故事的理解。

身为父母，我们需要注意的是，自我叙事练习是一项具有挑战的任务，孩子可能无法在设定的时间框架内完成。我们要耐心地陪伴孩子，容忍孩子的成长有暂停或停止、进步或倒退。为了便于孩子的理解，在做这项练习时，我们也可以从自己的人生故事讲起，与自己和解，接纳自己，这项练习可以让我们与孩子相互理解、共同成长。

练习

试着和孩子做一次自我叙事练习,帮助他塑造"更好的我"。请在下面的横线上记录你和孩子的互动过程。

_____

_____

_____

第 4 章

活力

活力是孩子的积极天性

活力的英文是"zest",这个词还有"热情"和"兴奋"的意思,这也是孩子的积极天性之一。无论是男孩还是女孩,都会在小时候表现出精力旺盛、活跃不已。不过,活力并不只是精力旺盛,还表现为兴趣广泛、好奇心满满。有的孩子还可能会表现为勇于尝试、口无遮拦、脑洞大开,把家里搞得天翻地覆,令父母头疼不已。

孩子的活力表现与家庭文化有关:有的家庭比较民主,比较能够接纳孩子的闹腾,这样的孩子释放了过剩的精力,也能发展出比较好的人格和创造力;有的家庭对孩子的管束比较严格,家庭规矩和规范比较多,孩子在大人面前比较谨言慎行,有可能会约束了孩子发展的活力,使孩子爱玩的天性受到压抑，在他能够独立的时候，可能会从其他方面爆发出来。

其实，有活力对于抗逆力的发展是有好处的。有活力的孩子心态阳光、自信、乐观、向上，遇到困难不容易被打垮，会有充沛的精力去应对困难。有活力的孩子表现出来就是精气神好，就像是一粒小钢豆，压不扁、打不垮、揉不碎。因此，要想让孩子有活力，就要让他先爱上阳光、爱上运动，尤其是户外运动，先把身体素质搞好了，精气神的生理基础就打好了。

对于爱玩、爱闹的孩子，父母一定要做到包容，而不是去打压和限制。我曾经看过一个电视节目，主持人邀请了一位"虎妈"和10岁的儿子一起做采访。在问完了妈妈对孩子课外班的安排之后，主持人非常贴心地问孩子："你还有时间玩吗？"小男孩怯生生地望了妈妈一眼，竟然对主持人说："我不喜欢玩……"让在场的观众和专家感到心疼。10岁正是男孩最爱玩的年纪，他却说"我不喜欢玩"，这到底是哪里出了问题？

案例

一个男孩考入某所重点大学后，回幼儿园看望老师。老师请他对幼儿园的小朋友们聊几句，他说："回顾我的成长经历——从幼儿园到大学，凡是爱玩、会玩的孩子都是人缘好、讨人喜欢的人；而且，越是会玩的人，越能尝到尽情尽兴的甜头，因为只有在充分释放了玩的天性之后，才能尽情地投入学习。在学习中遇到困难，也能不屈不挠地去寻找解决办法，因为这样的孩子会相信，只要投入精力去学习，就有学好的可能。所以，在该玩的时候尽情玩吧！使劲玩！"

看到这里，有的父母可能会感到担心：让孩子释放天性？让孩子使劲玩？是他长时间玩手机、打游戏都行吗？

父母有这样的担心，很可能是把释放"天性"和"任性"或"劣性"弄混淆了。释放天性不等于没有边界，任由孩子无所顾忌、任意胡作非为甚至成了劣性。在保护孩子积极天性的同时，还要给孩子建立安全的边界、秩序的边界，明确告诉孩子不能做违法的事情、伤害自己或伤害他人的事情，不能做给自己或他人带来生命危险的事情。而且，这里所说的"玩"是包括诸如有人际互动的真人游戏、体育运动、户外集体活动，而不是电子游戏或手机游戏。沉迷电子游戏对孩子的危害毋庸置疑。释放天性也不是毫不限制、听之任之去玩耍，能够在"玩中学"才是最好的路径，但这也确实为家长和教育者提出了更高的要求。如果能陪孩子一起玩，那就更好了！有这一样的一句教育名言："陪孩子学不如陪孩子一起玩。"**陪伴才是最好的家庭教育。**

练习

请在下面的横线上写下你的孩子喜欢玩的东西，然后和孩子一起去痛快地玩吧！

_____

_____

_____

活力与热情密不可分

在心理学里有很多不同的流派，虽然各有各的理念，但是对于人际关系的理解却出奇地一致——**一切心理问题的根源都与人际关系是否和谐有关系**，即人际关系（包括师生关系、同学关系、亲子关系、夫妻关系、家庭关系、朋友关系、同事关系等）不和谐会引发各种各样的心理问题。也有积极心理学家说过："如果只能给你一条有关幸福的建议，那就是滋养人际关系！"

有人曾请积极心理学创始人之一克里斯托弗·皮特森（Christopher Peterson）教授用一个词来描述积极心理学，教授回答道："他人。"

一段积极的关系需要彼此都有付出的动机且有所行动。在积极关系中，付出是一个有来有往的过程，即我在付出的同时也感受到了支持，这种人与人之间的联结让我对自己和这段关系都感觉很好。

有活力的人热情似火，一个人最让别人无法抗拒的就是他的热情，热情的人无论是在社交中还是在工作中都有着强烈的感染力和吸引力，热情的人会被认为真诚、积极、乐观。热情会感染着人的情绪，带给人美妙的心境，让人感到愉快和兴奋。热情的人总能全心全意地投入学习和生活，其热情也能感染别人，别人会因他而感受到愉悦并愿意和他相处。热情的人的生活充满积极向上的能量和激情，即使遇到挫折也能勇往直前。保持热情，生活会遇到不一样的惊喜！

如何才能用热情保持良好的人际关系呢？大量研究结果表明，**当一个人告诉你他有开心的事情时，你如何做出回应会对关系产生重要影响**。心理学家将人们对他人发生好事时的回应分成四种：主动破坏性回应、被动破坏性回应、被动建设性回应和主动建设性回应（见图4-1）。

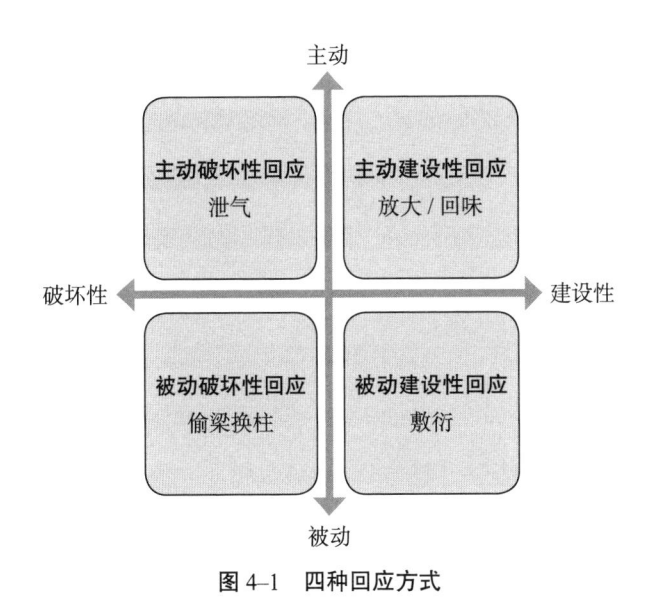

```
                          主动
                           ↑
         ┌─────────────┐   │   ┌─────────────┐
         │ 主动破坏性回应 │   │   │ 主动建设性回应 │
         │    泄气     │   │   │  放大/回味   │
         └─────────────┘   │   └─────────────┘
  破坏性 ←──────────────────┼──────────────────→ 建设性
         ┌─────────────┐   │   ┌─────────────┐
         │ 被动破坏性回应 │   │   │ 被动建设性回应 │
         │   偷梁换柱   │   │   │     敷衍     │
         └─────────────┘   │   └─────────────┘
                           │
                           ↓
                          被动
```

图 4-1　四种回应方式

比如，孩子放学回来跟你说"我们班踢球赢啦"，你会怎么回应？

如果你跟他说"踢球赢了能上大学吗？你作业写了吗"，就是主动破坏性回应，就像一瓢冷水泼过去，浇灭了孩子的热情，让他泄气。

如果你跟他说"哦，你爸去哪儿了"，就是被动破坏性回应，用偷梁换柱的方式岔开了话题。本来是一件高兴的事情，但让孩子兴致全无。

如果你跟他说"不错，挺好的"，就是被动建设性回应，看起来不痛不痒，好像是表扬，实际上却让孩子感到了敷衍的失落。

我希望你能够这样来回应："太棒了，真了不起！快说说你们是怎么赢的？进了几个球？"也就是说，你不仅能表达关心和关注，还能肯定孩子的努力和付出，并真心为孩子感到高兴，通过进一步询问细节，通过热情的反应让孩子"放大和回味"积极情绪的方式就是主动建设性回应。

主动建设性回应是一种主动的、有积极情绪反应的、有进一步交流的回应方式，你在这个过程中真诚地为孩子感到开心，并把这种开心热情地展现出来。

如何有层次地推进对话，实现主动建设性回应呢？可以通过以下三个步骤来操作。

- **第一步：表达赞美**。在孩子分享积极事件时，其实也是在分享自己的优势，如果此时能得到父母的肯定，就可以大大提升他的自我价值感。因此，我们不要吝啬赞美之词，可以真诚地向孩子表达肯定，比如："哇！太棒啦！""这可真难得！""你做得太好啦！"

- **第二步：看到付出**。每一个好消息背后都隐藏着孩子的努力，我们不仅要看到成功、庆祝结果，还要看到孩子努力的过程。可以说出我们在日常观察到的细节，比如："能写出这么优秀的作文可不容易。""这不是所有人都能做到的。""我看到你每天都学习到很晚，就算到了周末也很用功。"

- **第三步：询问细节**。我们可以通过开放式提问来了解更多的细节，帮助孩子回味这件好事的过程，可以极大地提升积极情绪。我们可以这么说："我很好奇你是怎么做到的？""多说一点关于这件事的经过。"

在孩子发生好事的时候，多运用主动建设性回应法与孩子交流互动，可以把好事带来的积极情绪放大，增进你们之间的关系。所以说，热情并不只是让孩子学会跟人见面打招呼那么简单，而是用积极主动的建设性回应，才能获得更加积极和亲密的亲子关系。而且，通过热情的回应让孩子保留了生活中的"小确幸"带来的积极正能量，当他以后受到批评、挫折、打击时，虽然可能在一次考试中没考好、某一门课的表现欠佳，但是他踢球还能进球、唱歌跳舞还不错、画画得过奖、体育很优秀……孩子能回想起来自己并不是一无是处，父母还是看到了他的努力和付出，就不至于丧失价值感甚至去寻短见了。

│ 练习 │

你的孩子最近遇到了什么好事？你是如何按照主动建设性回应的三个步骤去回应他的？请写在下面的横线上，这会成为你们的温暖回忆。

_____

_____

_____

保持活力的秘密武器

要如何培养和保持活力?可以借鉴积极心理学"五施"的方法,即颜施(多笑)、身施(多动)、言施(多说)、心施(要悟)、眼施(多观察)。我将其归纳为以下三个方面。

第一,要保持杜乡微笑[①]。

我们常说"笑一笑十年少""会笑的人运气一般都不会差"。微笑是人天生的本领,但一定要真笑(也就是发自内心地笑)才能表现你的活力。心理学家专门研究了人在微笑

---

① 杜乡微笑(Duchenne smile),又被译为"杜切尼微笑""迪香微笑""杜兴微笑"等。本书采用马丁·塞利格曼《真实的幸福》(*Authentic Happiness*)一书中的译法。这一命名是用来纪念发现它的法国人杜乡(Guillaume Duchenne)。

时有三块肌肉在工作，其中嘴角和面部的肌肉可以由大脑的意志调动，在假笑和装笑时也可以做出嘴角上扬、脸部表情发生变化的笑容；而真正发自内心的有感染力的微笑有一个显著的特征，就是成语"眉开眼笑"形容的眼睛会笑。"让眼睛笑起来"是由眼角肌控制的，而眼角肌是不受大脑的意志控制的，只有发自内心、真正积极有活力才能表现出杜乡微笑。还有心理学家追踪研究了 600 多位修女 30 多年的生活经历，发现平时生活中表现出较多杜乡微笑的修女，年老时不容易得老年疾病，其平均寿命也会更长。还有在大学毕业合影中表现出杜乡微笑的同学，他们在之后的生活和工作中也会有较高的满意度和幸福感、较高的工作收入，以及更加幸福美满的婚姻。

第二，人的行动能产生愉悦和幸福，让人体验到心流。

这个"行动"既可以是身体行动，又可以是思想行动。人在做善事、做好人好事时，大脑会分泌出多种积极的化学递质。这个"行动"可以是以身作则、身体力行、榜样示范等，这些都是积极心理学提倡的践行方法。其中，最值得提倡的是从心理咨询与治疗中而来的助人疗法。助人疗法指出，施比受更幸福。通过帮助他人，可以让求助者从自我参照的模式中脱离出来，不再仅仅关注自己，不再困惑于个人的烦恼和苦难，而是看到他人的需要和痛苦，从而提升自己生命的价值感和意义感，让个体得到自信心的提升。

另外，如果人在行动中能专注地做一件事情且能沉浸其中，也是特别幸福的。积极心理学奠基人之一米哈里·契克森米哈赖（Mihaly Csikszentmihalyi）将"投入某项活动或任务时，人们会达到一种完全融入其中，乃至废寝忘食的状态"称为"心流"（flow）。心流是对可以意会不能言传的全神贯注、乐此不疲、孜孜不倦、沉浸专注等心理过程的一个概念化。后来，清华大学的彭凯平教授结合"flow"的音和意提出了"福流"的译法，更为传神地表达了这种行云流水的体验带来的幸福、愉悦之感。

契克森米哈赖这样概括心流的成因和特征。第一，注意力。他说："体验过心流的人都知道，那份深沉的快乐是严格的自律、集中注意力换来的。"第二，有一个他愿意为之付出的目标。那目标是什么不要紧，只要那目标将他的注意力集中于此。第三，有即时的回馈。第四，因全神贯注于此，日常恼人的琐事被忘却和屏蔽。第五，达到了忘我的状态。他举出了一些典型的角色（诸如攀岩选手、外科医生、诗人、剧作家）及其行为来说明心流。[①]

有一位攀岩选手这样描述自己的心流感受："越来越完美的自我控制，产生一种痛快的感觉。你不断逼身体发挥所有的极限，直到全身隐隐作痛；然后你会满怀敬畏地回顾自我，回顾你所做的一切，那种佩服的感觉简直无法形容。它带给你一种狂喜，一种自我满足。只要在这种战役中战胜过自己，人生其他战场的挑战，也就变得容易多了。"

可以造就心流的活动中必有挑战，且挑战应该是动态的，即当挑战与你的技能匹配时，就有了心流体验。

[①] 本段及接下来两段的文字援引自《心流：最有体验心理学》（*Flow: The Psychology of Optimal Experience*）一书中北京大学社会学系教授郑也夫的推荐序。

值得一提的是，网络游戏的设计者也是参照了心流的理论，将游戏设计得更吸引人，让玩家在游戏中获得心流体验，所以孩子才会沉迷其中。我们想要跟手机游戏抢夺孩子，就要让孩子在现实生活中也能获得心流体验。让孩子多参与具有可达到心流状态特征的体育运动或桌游（比如，棋牌类、剧本杀等）等现实中的游戏。

| 练习 |

你的孩子在做什么事情时会进入心流状态？根据心流的描述，你在生活中可以如何运用它？请写在下面的横线上。

_____

_____

_____

第三，用慧眼禅心欣赏身边的美好事物。

"一花一世界，一叶一菩提。"大千世界无奇不有。每个人的悟性、感性都是不一样的，这就需要你去寻找生活中的幸福体验。海伦·凯勒（Helen Keller）在《假如给我三天光明》一书中写道：

> 我问自己，在林子里散步一个小时之久却没有看到任何值得注意的东西，这怎么可能呢？我这样一个盲人，仅仅通过触觉，就能发现成百上千件引起我兴趣的东西。我能感到树叶完美的对称性；会满心喜悦地用手抚过桦树那光滑的树皮或者松树的粗糙外表。……失明的我，可以给那些视力正常的人一个提示——对那些想充分利用视力天赋的人的一个忠告：请善用你的双眼吧，就好像你明天就要惨遭失明之痛一样。同样的方法也能作用于其他的感官。去听悦耳的乐曲，鸟儿的唱歌，乐队铿锵有力的旋律，就好像你明天就要惨遭失聪之痛一样。去触摸你想摸的每样东西，就像你明天就会触觉衰退一样。去闻鲜花的芳香，品尝美味佳肴，就好像你明天就会丧失嗅觉、味觉一样。[1]

---

[1] 本段译文援引自北京联合出版公司 2016 年出版的版本。

虽然说"太阳底下没有新鲜事",但是生活中仍有美好的一面等待我们去体验。如果孩子能看到别人看不到的东西,感受到别人感受不到的体验,那么这也是一种积极的表现。

孩子的心思是细腻敏感的,孩子的眼光也是独特的,在发现生活中的美好方面,我们成年人要多向孩子学习、虚心请教,让孩子来告诉我们他发现的美。

| 练习 |

让孩子当你的向导,带着你去探索大自然、发现大自然的美,然后把你们的收获写在下面的横线上。

_____

_____

_____

有活力不能走极端

积极心理学具有开放、包容的思维，但积极与活力并不是走极端，也不是说一味地亢奋才是积极有活力。在活力的表现中，真正的勇敢包括身体和精神的双重意义：敢于冲锋陷阵是一种勇敢，"明知山有虎，偏向虎山行"也是一种勇敢。就像罗曼·罗兰所说："世界上只有一种真正的英雄主义，就是看清了生活的真相之后还依然会热爱生活。"

积极心理学中有一个非常重要的理论，就是自我决定理论（self-determination theory，SDT），是指人只有自己才能决定自己的能力，只有自己决定了要做某一件事情才能把自己的潜力激发出来，才能做得更好。自我决定理论认为，人类有三种最重要的基本心理需求，分别是自主感、能力感、联结感，即自主、自信、爱这三种积极体验。自我决定理论指出，真正的能力感来自你克服困难的过程，而不是轻易获得的成就。在你竭尽全力之后，遇到一个个障碍又将它们一个个克服，哪怕跟别人相比仍有不足，但这种大汗淋漓、竭尽全力激发出全身能力的过程才是高级的自信体验；相反，轻松击败别人时那种没有用力的感觉，甚至没有击败别人也被家人大声叫好的反馈则是低级的自信体验。事实上，只有高级的积极体验才能形成正向的积极循环。

因此，不能只是追求低级的自信体验，轻易就能获得的成就也并不能让人珍惜。面对困难时，要用自我决定的方式，即明知这件事情很困难、有难度，但仍能知难而上，这就是一种勇敢，也是一种活力的表现！

面对困难，如果孩子产生了畏难情绪，我们就要去鼓励他，这是提升孩子自信的最好方式。不过，需要注意的是，鼓励也是有艺术的，不能是孩子做什么事都要夸耀他，而且是没有具体内容的夸耀。这会让孩子习惯了自己做什么都是对的、都必须得到表扬，当他听到不同意见时自然无法接受。

表扬孩子时，我们要表扬他的努力，表扬他做事的过程，不能空泛，更不能让孩子觉得自己是天生神力。我们还要经常告诉孩子，所有人的成功都不是天生的，都要经过很多坎坷和困难。通过表扬孩子的努力而不是表扬孩子的聪明，让他在遇到困难和挫折时相信自己通过努力可以提升自己的能力、克服困难，从而不屈不挠，勇于接受挑战。

同时，有活力也不能盲目自信，看不起这个、看不起那个，否则就有点自负了，也会显得过于敏感和脆弱。如果孩子自负但还能自知，那么也不是什么坏事；如果他变得自负还不自知，那么就糟糕了。有一种说法是，自负的人的内心其实是自卑的，他们为了掩盖自卑才表现出来自负。从心理学的角度看，自负其实是一种自我防御。人在自负时，恰恰反映了其内心的不安和恐惧，不想表露自己内心的空虚，只想表现得自己无所不知。心理学中有个"达克效应"，指的是越无知的人越会自负。科学研究也证明了人在学习的过程中，必然会经历从无知自负到自信崩塌，从而走上开悟的道路。因此，要想克服自负，就要通过学习努力充实自己。当一个人内心充实的时候，内心也就会更加安定。有了坚定充实的内心，就会有十足的安全感，不再向外对抗和防御，也就不会用自负来保护自己了。

有一点需要注意：**心理学中的"自尊水平"和我们在生活中所说的"自尊心"是不一样的**。我们有时说一个人"自尊心很强"恰恰是表现了"低自尊"而不是"高自尊"，这个人是因为对自己的评价过低而导致的内心脆弱，经受不起打击，所以也怕暴露出自己的弱点；相反，在心理学中对自己评价比较高的人则会表现出"高自尊"，不怕表露出自己的缺点，"知之为知之，不知为不知"，这样才能更好地请教老师和同学，提升自己的学习能力。孩子在成长的过程中，自尊水平是不断提高的，也是靠增加自己对自己的正面评价来获得的，内心越强大，自尊水平越高。

以上我们讲了不能骄傲自大，同时也要注意不能妄自菲薄，否则很容易变成自卑。**我们需要培养孩子恰如其分的自尊，这就需要让他学会客观地、多维度地看世界和评价自我。**

自尊就是自己对自己的评价，但人们在评价自己的同时也难免会去评价别人，同时也在被别人评价。如何给出、面对和接受评价？不过分被评价左右？这也是我们特别要面对的问题。因为处于不同视角或出于不同的目的，别人对我们的评价不一定客观；而且众口铄金，我们也很容易受到别人评价的影响，并由此产生自我怀疑：我真的是他们口中的样子吗？其实，自信的人不会太在意别人的看法；或者能对自己有比较积极的评价，即便别人对自己有不太好的评价，也能积极地面对。这里的积极包括坦然面对、包容接纳，具体做法是先接纳、再谋求改变。

兼听则明，偏信则暗。如果一个人对自己的评价过低，认为自己各方面都不如别人，这其实是一种自我认知偏差。金无足赤，人无完人。每个人都有缺点，但不能只关注这些缺点甚至是过度放大这些缺点，否则就是用自己的短处去和别人的长处做比较，只能越来越自卑。要培养孩子善于发现自己的优点，用自己的优点来提升自信。

在对抗挫折和困难的时候，发挥活力的优势有助于对抗挫败感；在心情低落的时候，发挥活力的优势可以激发内在动力；在心平气和的时候，发挥活力的优势可以让人的心态更阳光。

一个孩子对自我的判断除了来自自己，还取决于四种他人的评价：父母、老师、同辈以及亲密的朋友。当这四种重要他人的评价都"运作"正常的时候，孩子的自尊才能够充分发展和得到巩固。对于低龄幼儿来说，自尊重要的来源是父母。但随着年龄的增长，孩子会越来越在意同辈对他的看法。到了青春期，父母已经不再是其最主要的自尊来源，家庭之外的人变得越来越重要。不过，父母的赞同依然会对孩子的自尊产生重大的影响，直到少年离家之后，这种影响力才会开始慢慢减少。

作为父母，怎样才能有效地支持孩子，让他获得恰如其分的自尊呢？如果可以，建议你给予孩子无条件的爱和行为上有条件的支持。父母给予孩子无条件的爱能让孩子感受到情感上的滋养，孩子能够感受到温暖、包容与支持（即"我好父母爱我、我不好父母也能接受我"）。行为上有条件的支持意味着父母需要给予孩子行为上的指引,让他的行为更符合社会的基本期待,让孩子拥有真正融入社会的能力,让孩子在群体中感觉自在,能找到自己的位置!一个孩子在成长过程中得到了父母无条件的爱和清晰正确的行为指引,才能在成长的过程中持续地获得稳定的高自尊,才能获得恰如其分的自尊!

| 练习 |

在下面的横线上写下孩子对自己的评价、对别人的评价,以及如何面对别人给他的负面评价。

_____

_____

_____

第 5 章

坚毅

有激情才能更好地坚持下去

积极心理学关于毅力的研究有一个专有的名词——坚毅。其英文"grit"的原意是"坚硬的沙粒"。

电影《大地惊雷》(*True Grit*)讲述了一个小女孩经历千难万险为父亲报仇的故事。华裔积极心理学研究者安吉拉·达克沃斯(Angela Duckworth)受到电影的启发,将她的研究命名为"Grit"。后来,她将"Grit"引申为对目标保持激情和坚持,即使面对挫折也有不懈坚持下去的意志。她研究了美国西点军校的学生,发现有20%的学生会在第一学期退学,那剩下的80%的学生和退学的20%的学生到底有什么不同?达克沃斯经研究后发现,二者最大的差异就是是否有坚毅的品质,即退学的20%的学生缺乏坚毅的品质。她还研究了参加全美拼字大赛（这个大赛类似我国的汉字听写大会）的选手，发现那些坚持走到最后的选手，都肯在枯燥无味的生僻字拼写中努力探索，都具有非常坚毅的品质。

在关于坚毅的系列研究中，达克沃斯为"坚毅"给出了明确的定义：**朝着长远的目标，保持着激情的状态，即使遭遇失败和挫折也仍然坚持不懈地努力下去的品质**。值得注意的是，东西方文化对"坚毅"的理解略微有点差异：我们有时会讲"咬紧牙关、坚持到底"；但在西方文化里，要想坚持到底，就必须释放激情和热爱的力量，就是对坚持的事情要先确保有兴趣和热情，这样才能坚持到底。因为人只有在做符合自己个人兴趣的事情时，才会对这件事更满意，从而表现得更好。有研究结果表明，那些个人内在兴趣与职场工作相匹配的雇员，不仅工作做得更好，也更愿意帮助他人，工作稳定性也更强。

坚毅是对长期目标的坚持和激情，坚韧不拔的人往往专注于特定的目标，能够坚持不懈、克服障碍，实现特定的目标；没有人能在自己完全不感兴趣的事情上坚持不懈。

激情不会像顿悟一样突然而至,而是需要积极地去发展。孩子早期的兴趣是脆弱且模糊的,需要有力的、经年的培育和研磨。因此,要想让孩子有成就,就一定得激发出孩子的内在动力,即在热爱学习的前提下,才能坚持下去。

我们可以通过以下三个方法培养孩子的坚毅力。

方法1:树立明确的目标

学习到底是为了什么?只是为了考上好大学吗?考上大学之后呢?学什么专业,做什么工作?孩子其实也很迷茫。身为父母,我们都是有一定社会经验的成年人,需要想办法帮助孩子树立明确的目标。多跟孩子聊聊人生的理想,如果我们也有不明白的地方,那么可以和孩子一起上网查一查,到底什么样的目标才适合孩子。诸如以后要考的学校、要去的城市、想学的专业、以后就业的方向等,都要提前考虑并做出规划。目标越明确,孩子的动力才会越足。这个目标也要贴合孩子的实际情况,不求最好的,但求最合适的。还可以在孩子现有的水平上稍稍拔高,让孩子能够"跳一跳能摘到桃子"，激发他的潜在能力。

方法 2：不要过度的奖励

很多心理学研究都证明了过度奖励的危害，什么样的奖励才能让奖励发挥最佳效果呢？需要注意以下两个原则。

- **延迟满足**。与延迟满足相对的是即时满足，即孩子提出需求后父母立刻就满足，这会导致孩子没有耐心，变得自控力不足。奖励时应适当控制一下节奏，提升孩子的延迟满足能力。另外，还要注意的是，人的意志力资源是有限的，不要把意志力的资源浪费在无谓的事情上（即与学习不太相关的事情上），不要过度消耗孩子的意志力资源。
- **可变原则**。这个原则来自心理学对于条件反射的强化研究，如果奖励是定时定量的、没有绩效考核，就像每月到固定时间领工资一样，那么这种"做一天和尚撞一天钟"的状态慢慢会让人产生工作懈怠。我们在给孩子设置奖励时，也可以参考绩效工资的设置方式，让孩子能够多劳多得、少劳少得，不能干与不干都是一个样。当然，奖励的原则要跟孩子提前约定好,执行时父母一定要遵守承诺,言必信、行必果。

方法 3:避免虚假的坚毅

俗话说"不到黄河心不死""不撞南墙不回头",这些看起来很像是对坚毅的描述,实则不然。我们一定要避免虚假的坚毅,即不要误以为只要坚持就一定会有结果。原因在于:

- 如果方向错了,那么在这条路上的坚持就变成南辕北辙了;
- 与其一味地死学、苦学,不如找到学习的策略和方法;
- 有些人表现出"坚毅力",其实是为了"做给别人看"或"给自己一个安慰",这其实是一个误区。

| 练习 |

根据上述方法,在下面的横线上写下你将如何具体地帮

孩子的抗逆力 ▎培养让孩子受益一生的快乐、幸福能力

助孩子培养坚毅力。

―――――――――――――――――――――――
―――――――――――――――――――――――
―――――――――――――――――――――――

坚毅需要成长型思维

达克沃斯提出,坚毅是比情商和智商更重要的品质,更能预测一个人最终能否成功。然而,关于如何培养如此重要的品质,她竟然说她不知道[①]。不过,她说的一句话或许能给我们提示——**最重要的是要培养成长型思维**。

心理学家卡罗尔·德韦克(Carol Dweck)教授提出了"成长型思维"的概念,这是一种典型的积极思维模式,培养成长型思维有助于改变固定型思维模式,提倡终身学习有

---

① 这是她在 TED 演讲时说的,我们看后也感到很惊讶。

助于应对社会的乌卡化①发展。我们经历了太多的不确定性，我们不知道明天到底会发生什么。面对这样乌卡时代，我们到底应该怎么办？**首要的就是要拥有积极应变的能力，去拥抱变化，甚至去创造变化。**

德韦克在研究中发现，有的父母在表扬孩子时习惯于表扬孩子聪明，这会让孩子很容易认为自己是一个天生很聪明的人，他为了维护自己的聪明形象，只愿意去找一些特别容易的事情做，以表现自己的聪明；或只找一些特别难的事情做，反正大家都做不到，就算他做不出来也是正常的，总之都是在逃避有挑战的事情。我们在之前介绍过最近发展区的理论，让孩子"跳一跳能摘到桃子"才能有效促进孩子的成长，让孩子在接受挑战的过程中发展出自己之前尚未具备的能力。

在后续的研究中，德韦克提出了两种思维模式，分别是

---

① 乌卡是"VUCA"的音译，这个英文单词是 volatile（易变性）、uncertain（不确定性）、complex（复杂性）、ambiguous（模糊性）这四个英文单词的首字母缩写。

固定型思维和成长型思维。

有固定型思维的人会认为：

- 能力是固定的，他们需要通过显得聪明和有天赋来证明自己的价值；
- 遇到挫折就意味着失败，成绩糟糕就意味着不够聪明、不够有天赋；
- 努力是不值得提倡的，因为努力和失败一样，都意味着一个人不够聪明、不够有天赋；
- 如果一个人足够聪明，就根本不需要努力。

有成长型思维的人会认为：

- 能力是可以改变的，可以通过学习新知识来发展自己的才能；
- 努力是值得提倡的，努力可以让人变得更聪明、更有才能；
- 只有因为没有努力发挥出自己的潜能才意味着失败。

德韦克认为,"当学生成功时表扬他们聪明、失败时责怪他们能力不足"是一种不恰当的评价方式,因为这样评价学生的父母和老师可能无意识地助长了学生的固定型思维模式,造成了学生的习得性无助。正确的做法是,当学生成功时,表扬他在问题解决策略方面付出的努力;当学生失败时,强调他努力不够。这样能让学生相信,只要付出努力就可以提升自己的能力,也正是发展学生的成长型思维模式。

我们来看一个案例。

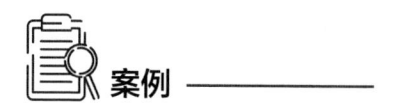

案例

妈妈去幼儿园接女儿放学时,老师对妈妈说:"她的识字量已经可以在班里面当小老师了,能帮助老师给其他小朋友读故事书了。"

回家路上,妈妈问女儿:"你的识字量怎么这么大啊?"

小女孩骄傲地说:"因为我聪明啊!"

妈妈摇摇头,微笑着说:"聪明只是一个很小的原因,更重要的原因是你会思考——在遇到不懂的汉字时，你不会轻易地放弃，而是思考它应该怎么读。比如，昨晚你看书时看到的'填'字，你本来并不认识这个字，你说读'真'，可是你和它后面的'空'字连在一起读后又觉得不对，便又试了几个读法，最终找到了正确的读音。你要知道，你之所以能不断学到新的东西，是因为你不放弃思考，也愿意为了认识更多的字而努力。"

这位妈妈是在鼓励孩子的努力，这能让孩子明白通过努力是可以克服困难的，通过努力是可以提升自己的能力的，而不是只有凭借聪明才能获得成功。这样一来，在孩子遇到困难时会反思自己是不是努力的程度不够，而不是妄自菲薄，埋怨自己不够聪明，从而产生挫败感了。

练习

根据孩子最近的一次进步，请你按照有助于培养他成长型思维的方式来鼓励他，在下面的横线上记录你对孩子说的积极话语。

_____

_____

德韦克评估了一些初中生的思维模式,发现只有固定型思维的学生会出现成绩下滑,而具有成长型思维的学生的成绩是逐步提高的。具有固定型思维的学生是这样解释他们糟糕的成绩的:或是贬低自己的能力——"我是最笨的、数学让我头大"等;或者转而去责怪其他人——"因为数学老师很讨厌、老师教得不好"等。这些分析归因的方式只会让情况越来越糟。

初中生正处于青春期,他们的自我意识在飞速发展。对于有固定型思维模式的初中生来说,青春期就像是一场巨大的考试测验,他们不是为了学习而学习,而是为了维护他们的自我意识,即通过放弃努力来维持自己"聪明"的形象——为了让自己显得"聪明"而做尽可能简单的事情,让自己尽可能少付出努力就达成目标。对于有成长型思维模式的初中生来说，他们采取的应对方式是坚持不懈、全力以赴。

有了成长型思维的指导，能让孩子遇到困难不退缩，有坚持下去的勇气和动力。他们不会竭力维护自己聪明的表象，毕竟再美丽的泡沫也有破裂的时候，最终只会是竹篮打水一场空。孩子只有认识到自己的努力程度不够，才能努力提升自己的能力，克服困难，越挫越勇。

| 练习 |

你的孩子是哪种思维模式？可以让孩子借助以下的小测验来测一测。同意的打"√"，不同意的打"×"。

1. 当我在学习过程中感到很艰难时，我会感觉自己不是很聪明。（　　）
2. 我可以学习新的事物，但是我无法改变我的基本智力。（　　）
3. 我喜欢做某件事情，是因为我能完美地、毫无差错地完成它。（　　）

4. 只有我能毫无困难地完成某件事情时,我才喜欢去做这件事。（　）

5. 无论什么时候、我处在什么程度,我都可以极大地改善我的智力水平。（　）

6. 当某件事情让我觉得困难时,我很喜欢去挑战它。（　）

7. 当某件事情变得艰难时,我反而能更加投入地去完成,而不是退缩。（　）

8. 尽管我会犯许多错误,但我还是很喜欢那些能让我从中学习的事情。（　）

在第1~4句话中,你的孩子有几句是同意的？在第5~8句中,又有几句是同意的？如果你的孩子在第1~4句中的"同意"比第5~8句中的"同意"多,就说明他的思维模式偏向固定型思维,因为第1~4句中的描述都是固定型思维,而第5~8句中的描述都是成长型思维。

如果你的孩子的思维模式偏向固定型思维,那么该如何帮助他改变呢？除了和孩子强调努力外,还可以改变孩子的语言方式,以下为一些举例。

- **关于理解**。将"我就是不懂——这对我来说太难了,根本没法理解",改为"我忽略了什么吗"。也就是说,只要把漏掉的、忽略的内容找出来,我就能把不理解的搞明白了。
- **关于放弃**。将"我放弃了——我的能力达不到,只有放弃了",改为"我得试试我学过的其他办法"。也就是说,问题没有方法多,此路不通,换条路说不定就能走得通。
- **关于错误**。将"我犯错误了——我做错了,我很沮丧",改为"犯错能让我变得更好"。也就是说,虽然这次错了,但以后我就知道这么做是错的,又学了一个新技能,真棒!
- **关于困境**。将"这太难了——这太复杂了,我不可能完成",改为"我可能需要更多的时间和精力才能搞定"。也就是说,只要花足够的时间和精力,一切就皆有可能。
- **关于足够**。将"已经挺好的了——我做得足够好了,已经达到我的上限了",改为"这真的是我的最好成绩吗"。也就是说,没有最好只有更好,也许再努力一些,我就能再提高一点。
- **关于聪明**。将"我不可能像她一样聪明——别人比我聪明,没办法了,我就是不如她",改为"她是怎么做的,我也要试试"。也就是说,只要学习她的方法,然后认真去做,我就也可能会做得很好!

- **关于完美**。将"我不能做得更好了——我的能力只能做这么多,这件事这样就足够完美了",改为"我还能做得更好,我要继续试试"。也就是说,我还要看看这件事有什么可以完善的,只要不断尝试和努力,肯定就能有所提高!
- **关于否定**。将"我阅读不太好——我没有'阅读'这根筋,我就是个书盲",改为"我要训练我的阅读能力"。也就是说,我只是训练得不够而已,不如坚持练习一段时间看看。
- **关于能力**。将"我不擅长这个——我做不了这些",改为"我正在提高"。也就是说,我现在可能做不好,但没关系,慢慢往这个方向努力,我就会越来越擅长。

以上练习有助于培养孩子的成长型思维,在他遇到困难时就能积极转变自己的想法。想法会影响语言,语言会影响行为,行为会影响习惯,习惯会影响性格,性格甚至会决定命运。好习惯能让孩子终生受益,习得性乐观便也形成了。如果孩子能用成长型思维面对困难,就可以把困难当成机会,就像爱迪生当年发明电灯时,并没有认为自己失败了几千次,而是认为自己成功地发现了几千种材料并不适合做灯丝!

坚毅力的培养需要从一点一滴做起，抓住生活中的教育机会，我们可以通过换个说法、转变语言、转变思维等方式培养孩子的成长型思维，便能为培养孩子的抗逆力打好思维的基础。

| 练习 |

通过转变孩子的语言方式，你能帮助孩子转变关于什么的思维？请在下面的横线上记录下来。

_____

_____

_____

坚毅力需要刻意练习

"刻意练习"是由心理学教授安德斯·艾利克森（Anders Ericsson）提出的概念。多年以来，他通过研究各个领域中的杰出人物是如何取得非凡成就的，发现他们有一个共同点——遵循刻意练习的法则。

刻意训练是指，为了提高某个特定方面的技能或技巧，人们有意识、有目的、有计划地长期反复进行的有效训练活动。很多人对刻意练习存在认知上的误区。要知道，训练分为有效训练和无效训练，绝大多数人之所以没有成为专业高手，是因为在很多方面都在进行的是无效训练，或是有效训练不够。我们先来看看常见的误区。

- **误区一**：认为练习没有用，因为他们认为人的能力水平是受天赋决定的，后天的训练没太大作用。
- **误区二**：认为只要练习的时间足够长，就能慢慢提升能力。这句话乍看起来没有问题，毕竟这比较符合我们的日常经验，而且与"只要功夫深，铁杵磨成针""水滴石穿"等这类词句的意思相似。练习时间长短确实会影响技能水平的高低，但是只有时间的堆积是不够的。
- **误区三**：认为只要够努力、够刻苦，就能提高和进步。要想提升能力水平，勤奋努力的投入肯定少不了的，但还要有恰当的练习方法，方法对了事半功倍，方法不对收效甚微。

你听说过"一万小时定律"吗？这个定律的意思是，要想成为某个领域的天才或专业级选手，就要刻苦练习一万小时。不过，只是坚持练习一万小时是不够的，一定得是有效练习（即刻意练习）才行，这是能帮助人们在某个领域里成为专家最有效的方法。要想让孩子在学习方面有突出表现，就需要进行一万小时的刻意练习，如果每天投入 10 小时，每年（按照 365 天来算）就是 3650 小时，不到三年就可以达到一万小时了。在中学阶段，用三年时间全身心地投入刻意学习，按照一万小时定律是完全可以成功的。

注意，"一万小时"只是一个粗略的平均数。在艾利克森研究的一些音乐家中，有些人在练习时间不足一万小时的时候就达到了专业的高水平，有些人的练习时间则超过了一万小时。为什么"一万小时定律"会迅速流行呢？因为这个定律能让人对需要付出的时间有了一定的概念——不是几个小时、几十个小时、几百个小时，而是年复一年、长达上万个小时的练习。

刻意练习有秘诀吗？有，就是一定要及时反馈、及时修正，而不是一成不变地练苦功。接下来，我来详细说一说刻意练习和普通的练习或盲目的苦练有什么不同，我们也可以将其理解为刻意练习需要具备的四个要素。

- **刻意练习要有教练的指导。** 这里的"教练"是指，在某领域的老师、教练或专业人士。为什么需要他们的指导呢？因为他们在专业领域深耕多年，知道如何用一套行之有效的方法训练，比自己摸索的效率高多了。这些方法是经过时间检验的科学有效的方法，只有用对了练习方法，投入练习的时间和精力才能收到最好的效果。为什么我们需要在学校里接受教育呢？因为老师就是教练，知道学生该学什么、怎么学，可以给我们有效专业的指导和训练。如果找不到合适的教练，那么也可以通过买书、买课程，或在网上查阅其他人分享的有效经验。

- **刻意练习要有清晰具体的目标。**很多人在练习时都是盲目地练，并不知道这次练习的目标是什么，也不知道自己想要达到什么样的程度。刻意练习要求每次练习都要有清晰具体的目标，比如这一次的训练要针对某个动作练习，练习多长时间，要达到什么效果等，这些都需要被清晰具体地定义出来。这样有目标的训练才有针对性，才能不断地针对各个部分和环节进行全方位的训练，持续地提高成绩。

- **刻意练习要有意识的专注投入。**就像上课时如果不专心听讲肯定是学不好的一样，刻意练习需要人在练习时把全部的注意力都集中在训练项目上，排除其他一切干扰，全情地投入到训练的整个过程中。如果孩子在练习的过程中，还有其他人在不断地打断他，或有其他事物（如手机提示音）不断地吸引他的注意力，就很难练出效果。因此，在孩子练习之前，我们需要先排除干扰因素，为孩子提供能让他更容易保持专注的环境。

- **刻意练习要有及时地反馈和针对性地调整**。在练习过程中，如果孩子有些地方练错了或练得不规范，就需要及时地给孩子反馈，指出孩子的错误、失误和不足，告诉孩子哪里需要调整，这样才能有针对性地练习和改正，不断地提高和进步。这也是刻意练习要有教练指导的另一个原因。除了外部反馈外，孩子还需要不时地复盘，进行自我反馈，从而不断调整、精进。

| 练习 |

孩子想在哪个方面进行刻意练习？请根据上述四个要素在下面的横线上列出需要具备的条件和计划。

_____
_____
_____

提升成就感才能坚持

人在做一件能够发挥自己优势的事情时,往往最能获得满足感和成就感,利用优势赋予意义就利用了优势的这一特性。

案例

很少有孩子喜欢洗碗,塞利格曼家的孩子也是如此。不过,他是一名心理学家,他发现最小的儿子具有领导力的优势。

于是,塞利格曼在家组建了洗碗小组,让小儿子当组长,两个姐姐是小组成员。从此每天还没吃完饭的时候,小儿子就会催大家说："快吃饭、吃完饭，我们要洗碗了！"塞利格曼激发了儿子的领导力优势，利用优势赋予意义，把孩子不喜欢做的事情变成了喜欢做的事情。

如果孩子遇到一些自己存在劣势的事情，那么可以运用优势充电的方法，将发挥优势和劣势的工作交替进行。比如，孩子不擅长数学，学了一会儿数学就产生了挫败感，那么此时可以换一门自己相对有优势的学科（比如语文），学习一会儿优势学科就相当于给自己充了电，不至于被不擅长的事情拖垮。

当孩子处于劣势状态时，往往会或多或少地产生一些消极情绪，此时可以利用优势给孩子赋能，给孩子填充心理能量，从而提升孩子的积极情绪，增强自我价值感，让孩子更好地面对劣势带来的不愉快。优势充电法可以帮助孩子不再逃避劣势状态，而是主动激发自己原有的优势，扩大优势的应用范围，帮助孩子在遇到劣势时依然保持内心的活力，心生继续前行的勇气和动力。

与三件好事练习能提升积极情绪同理,我们可以通过三件难事练习提升坚毅水平。也就是说,让孩子刻意去做三件对他来说比较有难度的事情,在他完成之后,还要解释这三件事情难在哪里、他是如何克服这些难处的。通过三件难事练习,孩子可以提升自己克服困难的能力,在不知不觉中也提升了自己的坚毅水平。

当然,和三件好事练习一样,做三件难事练习也需要循序渐进,不要一开始就追求过高的难度,可以从按时起床、按时睡觉、按时吃饭、不暴饮暴食、做事不拖拉等小事做起。然后再慢慢提高难度,做一些以前从未挑战过的事情。通过三件难事练习,孩子能树立自信心,提高成就感。

| 练习 |

请让孩子在下面的横线上列出三件难事,然后好好练习吧!

_____

_____

_____

如果实在没有办法提高成就感，那么不妨参考心理学中的这个公式：

成就感 = 成就值 ÷ 期望值

要想提高成就感，就要让分子（成就值）增大、让分母（期望值）减小。虽然这个道理看起来简单，但实现起来并不容易。很多父母之所以焦虑，往往就是对孩子的期望值太高，但孩子的成就值又有点儿低，便让问题凸显出来了，导致孩子越发不自信，父母越发焦虑。

尤其是青春期的孩子，会更让父母头疼。有心理学家说，青春期如同暴风骤雨般猛烈，还有人总结了青春期孩子的"四怕"和"六要"。

所谓"四怕"，就是一怕被批评，二怕被看不起，三怕被比较，四怕担责任。怕被批评是因为青春期的孩子特别在乎别人的评价；怕被看不起是因为青春期的孩子自我评价也不稳定，有时自信有时自卑；怕被比较是因为他们总是被父母和老师有意无意地跟别人家的孩子比较,觉得很烦;怕担责任是因为他们想主动做点事情但又怕做不好承担责任。

所谓"六要",是指青春期的孩子有六种需要希望获得满足。第一要独立和自由,第二要有朋友,第三要幸福感,第四要自信感,第五要价值感,第六要成就感。要独立和自由就需要父母放权,要有朋友也需要父母的支持,要幸福感就是确认爱的感受,要自信感就是确认我能行,要价值感就是确认我有用,要成就感就是确认我能赢。

如果父母能满足青春期孩子的六种需要,他们可能就不存在"四怕"了。这也符合心理学中对自我效能感的解释,即如果孩子提升了自我效能感,就能提升成就感和自信心。

| 练习 |

你的孩子有什么"怕"和"要"?你会为此采取什么行动?请写在下面的横线上。

坚毅理论认为，人要像坚硬耐磨的沙砾一样，贵在有坚持的力量。不过，这个坚持的前提也是要有激情的存在，才能把坚持的力量充分地释放出来。如果失去了激情和坚持的力量，那么再好的目标都难以实现。"世上无难事，只要肯攀登"，要想实现目标，激情和坚持的力量可能比智商和情商更重要。尤其是在看似枯燥无味的阶段，激情能够让人保持旺盛的斗志，让人坚持下去并走到最后。**成功往往就是比不成功多坚持了一次！**

第6章

幽默

幽默的品质难能可贵

幽默是英文"humor"的音译，俗称"搞笑"。幽默可以是自嘲、调侃、说俏皮话，也可以是机智的风趣，还可以是谐音梗、冷笑话。在中国文化传统中，长辈在教育孩子时往往是不苟言笑、正襟危坐的，几乎不可能用开玩笑的方式。这会导致言辞严厉、气氛紧张，令孩子幼小的心灵或多或少地留下阴影。幽默的本质是乐观，幽默的人总能让身边的人感觉到，无论遇到什么事都能笑着面对，有一种即使遇到困难也能让自己开心起来、让别人开心起来的能力。

要想让孩子成为幽默的人，父母首先就要成为这样的人。我们能不能用幽默的方式来教育孩子呢？在积极心理学界有一个耳熟能详的故事，就是塞利格曼受到他的小女儿妮可的启发而开始探索品格优势教育的方法。

案例

1998年，塞利格曼历史性地以最高票当选美国心理学会主席。在他当选后的两个星期内，他一直在准备任职致辞。闲暇之余，他来到自己的玫瑰花园，收拾被忽视了一段时间的玫瑰花。他五岁的小女儿妮可也来到花园玩耍，不时地把爸爸正准备播种的玫瑰花籽扔到空中，让爸爸很愤怒，大声地呵斥了她。妮可一言不发地慢慢走开，过了一会儿，她又走了回来并郑重地说："爸爸，我得和你好好谈一谈。"塞利格曼不解地望着女儿。妮可说："你还记得吗？从三岁到五岁，我一直是个爱哭的孩子，但是在我五岁生日的时候，我决定再也不哭了，我认为我可以改掉爱哭的习惯，我觉得爸爸你也可以改改爱发脾气的习惯。"

女儿的一席话让塞利格曼深感震撼，他不仅反思了自己作为父亲对孩子的态度，还反思了作为积极心理学家对人性的看法。"我明白了要想教育好孩子，是不能通过改正孩子的缺点来做到的——孩子可以改变自己,只要肯下决心。我的任务应该是培养孩子的优势,根据孩子表现出来的优势去进行引导和启发……"

幸运的是,妮可有一个身为积极心理学家的父亲,她现在长大了,获得了临床心理学的博士学位。

积极心理学要问的是,孩子如何才能获得优势和美德?因为只有发展优势和美德才能让人获得积极的体验。幽默也是一种品格优势,如果父母能换一种方式来教育孩子,就可能会收到意想不到的效果。

来看一个幽默的故事吧!

案例

一位女士前来找心理医生咨询。她说:"医生,我丈夫总是无缘无故地发脾气，非常吓人，搞得我都有些焦虑了。"医生说："我有办法缓解你的焦虑。当你丈夫看起来快要发火时，你就喝一口水，把它含在嘴里，不要咽下去，直到他安静下来。"两周过后，这个女人来复诊，看起来容光焕发。女人对医生说："您的方法可真管用，只是我不明白一口水怎么会有这么大的功效？"医生回答说："水本身起不了作用，关键是让你们中有一个人先闭上嘴。"

这是一个幽默的故事，也是一个行之有效的方法，如果你不能用轻松的方式化解矛盾，那么闭嘴不说话也是一种方法。哈哈，这也是我的一种幽默！

| 练习 |

请在下面的横线上写上你的孩子的一段幽默的话语。

_____

_____

_____

如何培养你的幽默感

　　幽默不仅能给周围的人带来欢乐，还是化解尴尬气氛的良药。有时，家人之间发生了矛盾或争吵，甚至到了剑拔弩张的程度，如果此时有一方能幽默一下，就能缓解紧张的气氛。气氛好了，自然也能让家庭成员放松下来。

案例

　　古希腊哲学家苏格拉底的妻子喜欢唠叨，动辄破口大骂，经常令苏格拉底困窘不堪。有一次，苏格拉底正在和学生们讨论学术问题时，他的妻子突然气冲冲地跑进来，把苏格拉底大骂了一顿后，又提了一桶水，猛地泼到了苏格拉底的身上，把他浇成了落汤鸡。在场的学生都看傻了，以为苏格拉底要怒斥妻子一顿,哪知他摸了摸浑身湿透的衣服,风趣地说:"我知道,打雷之后,必定会下大雨。"他的从容令学生们格外敬重,也让妻子有了悔过之意。

心理学中有一个"犯错误效应",又称"白璧微瑕效应",即小小的错误反而能提升有才能之人的人际吸引力。这个效应提示我们,如果你是一个强者,那么请不要过于"包装"自己地去追求锦上添花,而应适当地示弱,适度地暴露一些瑕疵,反而能赢得更多人的喜欢。

幽默感是一道良方,也是良好的润滑和调剂品。身为父母,我们有必要培养自己的幽默感。我们关心孩子的心理健康成长,也不要忽视了自己的成长。幽默能让夫妻关系更加亲密和谐、与长辈相处更加和睦,这些都能给孩子做好榜样,也能让我们自己的心情更加舒畅。和家人一起分享笑话、欣赏相声、小品、脱口秀等,都是培养幽默感的好途径。大家一起乐一乐、笑一笑,笑口常开、健康常在!

案例

一名男士给父亲过 70 大寿,发言时因太紧张了错把父亲的年龄说成了 60 岁。现场气氛突然变得很尴尬,老人则不慌不忙地说:"我多么希望能回到 60 岁啊!谢谢你的美意。"大家都笑了。

幽默不仅能巧妙地化解尴尬,还能让人在人际关系中收放自如,即使面对生活中的难题,也能在笑声中给自己争取到从容思考的时间。如果因自己的失误或意外造成了尴尬,那么可以先承认再化解,我们称其为"合理化技巧"。

比如,你在一个重要的会议上发言,说到一半忽然忘词了,尴尬地立在那儿,台下一片安静,大家都等着你继续讲,你该怎么办呢?你可以笑着说:"我都讲了这么多了,大家不应该来点掌声吗?"相信大家肯定会立刻鼓起掌来,你也可以利用这个时间缓冲,尽力去回忆忘词的内容,然后继续讲下去,这样就不会尴尬了。

父母只有让自己先幽默起来，才能带动孩子和家人一起幽默。将一些幽默的技巧传递给孩子，孩子有了幽默感，遇到事情时也会用幽默的方式去对待，不至于滑向负面的情绪，也就提升了自己的抗逆力。

| 练习 |

为了让自己和孩子更幽默，你能想到什么好办法？请写在下面的横线上。

_____

_____

_____

要和有趣的人做朋友

好看的皮囊千篇一律，有趣的灵魂万里挑一。如果你很难培养幽默感，那就去和有趣的人做朋友吧！人生得一知己足矣，最好交一个积极乐观、阳光向上的朋友。

在青春期，孩子与同学之间的交流是非常重要的朋辈同伴关系，而且孩子也非常容易受同伴的影响，他们甚至会为了与同伴讲义气，把父母的忠告抛到九霄云外。我们先来看一个反例，看看"损友"的威力有多大。

案例

A本是一个非常积极乐观的孩子，但是他的朋友B患有抑郁症。A的心地善良，重情重义，他非常想帮助B。遗憾的事，最终A不仅没帮B从抑郁中走出来，自己还变得情绪低落了。

从心理学的专业术语来看，抑郁症属于一种心境障碍，它是一种弥散性的心理表现，体现为心情低落、无价值感、无意义感，且非常容易传染。这也是在出现恶性心理危机事件时，我们不希望大众媒体进行大肆传播报道的原因之一。

青春期的孩子特别容易感情用事，很冲动，想法和行为都可能很偏激。他们有这样的表现其实与他们的大脑发育进程有关——大脑中关于情感的区域比较活跃，但掌管理性的区域还不太成熟。而且，人类大脑中的镜像神经元能让人与身边的人感同身受，即便事情没有发生在自己身上，也能让人感受到同样的心情，这就是共情。如果共情运用得好，就能让人换位思考，设身处地地为他人着想，有助于人类社会的团结；如果运用得不好，就容易让人感情泛滥，滥用同情心或情感冲动。因此，有心理学家提出了"反共情"，即让理智占上风，不要感情用事。

当然，我们也不是说一定要让孩子与患了抑郁症的孩子断绝来往，因为对于患有抑郁的孩子来说，能让他们恢复到正常的同伴交往状态是非常有帮助的。不过，一定要让内心强大、积极水平较高、阳光乐观的孩子去担此重任。如果你的孩子本就多愁善感，就不要让他去尝试了。

如果你的孩子已经有了抑郁倾向（表现为郁郁寡欢、不想吃东西、哪儿都不想去，对什么事情都提不起兴趣），那么千万不要讳疾忌医，一定要去寻求专业机构的帮助。如果孩子被确诊有抑郁症，就一定要遵医嘱吃药，还要辅以积极的心理治疗。此外，你最好再学一些分辨孩子是否有抑郁倾向的知识，如果孩子动不动就要自杀，或已经采取了自杀的行为（比如，威胁跳楼、尝试割腕等），就一定要警惕孩子是不是可能患抑郁症了。千万不要以为孩子是小题大做，用恶毒的语言去刺激孩子，这对孩子来说是雪上加霜。抑郁症是一种可以疗愈的心理疾病，要想让孩子重新回到正常的集体、恢复正常的生活，就需要你给他做好心理支持。

现在，你应该越发理解让孩子和积极乐观、幽默有趣的人交朋友的重要性了。人都是有感情的动物，**孩子越受积极的影响，就越能在潜移默化中提升抗逆力**。就像两个人分享痛苦只能让痛苦减半，但两个人分享快乐则能让快乐加倍。

| 练习 |

你的孩子的朋友多是什么样的人？请把他们的性格写在下面的横线上，并说出你希望他多结交什么样的朋友。

_____

_____

_____

幽默要适度

心理学中有个著名的"超限效应",这个效应与大文豪马克·吐温有关。

案例

有一次,马克·吐温在教堂听牧师的募捐演讲。起初他觉得牧师讲得很好,听得他很感动,便准备捐款。然而,过了 10 分钟,牧师还没有讲完,马克·吐温有些不耐烦了,决定只捐一些零钱。又过了 10 分钟,牧师还没有讲完,马克·吐温便决定 1 分钱也不捐。等牧师终于结束了冗长的演讲开始拿着盘子募捐时,气愤的马克·吐温不仅没有捐钱,还从盘子里偷偷拿走了2元钱。人们将这种因唠叨过多、时间过久而引起听众心理极不耐烦乃至反抗的心理现象称为"超限效应"。

———————————————

凡事有度，过犹不及，物极必反——这也是中国传统文化的辩证智慧。对于幽默来说也是如此。幽默只是一种调节或缓和气氛的手段，达到目的即可，就像相声里面的包袱，抖响了就要适可而止，万万不可乐极生悲，尤其是在重大事件的严肃庄重场合中，幽默搞笑就不合时宜了。

每个人的身份、性格、心情不同，对玩笑的承受能力也不同。同样一个玩笑，能对甲开不一定能对乙开，能对乙开则不一定能对甲开。此外，艺术界和网络上已经明确提出"反三俗（庸俗、低俗、媚俗）"。我们也一定要注意自己的言行，不能歧视身体有缺陷的人，不能对庄严的问题和英雄人物乱开玩笑。在网络高度发达的社会，任何污点都有可能被曝光放大，千万不要给自己和孩子带来这方面的风险。

练习

和孩子玩一个情景游戏：假设有两个人，性格分别是外向开朗的、内向敏感的，孩子可以和他们开什么内容、什么程度的玩笑？请把你们的讨论写在下面的横线上。

_____

_____

_____

幽默这个难能可贵的品质有着非常实用的价值，因为幽默的人普遍很有趣，也更受欢迎，人缘好的孩子也往往比较自信。其实我们不难发现幽默的孩子普遍很有创造力，因为一个有趣的孩子一定是非常有想象力的。甚至在某种程度上讲幽默的孩子是乐观的，因为幽默的人总能让身边的人感觉到，无论遇到什么事，都能笑着面对，有一种即使遇到困难，也能让自己开心起来，让别人开心起来的能力。

其实孩子天然就有幽默感，他们看待世界和解决问题的方式天然就比大人更有趣、更真诚、更发自本心。作为父母，培养我们自己的幽默能力才是最难、最具有挑战的任务。

第 7 章

感恩

真正的感恩是积极体验

羊羔跪乳、乌鸦反哺是人们耳熟能详的感恩故事,"滴水之恩当涌泉相报"是中华民族的传统美德。

从某种意义上说,我们中国人想让孩子感恩,其实想表达的就是孝。百善孝为先,孝心孝道也是中华民族的优秀传统。感恩是对生命的感谢和欣赏,心怀感恩之心,也有利于孩子的抗逆力。

我们常说"养儿方知父母恩",如何能让孩子早一些知道父母的辛苦付出呢?

如今社会上有很多做感恩教育的形式,比如,让孩子给父母洗脚，结果让双方痛哭流涕。这种形式当然也没什么错，用洗脚的方式表达感恩也不错。不过，一定要注意，**感恩不是让孩子内疚**，即感恩不是为了激发孩子的负债感或负罪感，不是让孩子知道父母付出了那么多之后，感觉自己一无是处，让孩子觉得对父母的养育之恩无以为报，这很容易让孩子背上还债的包袱。

感恩本是一种积极情绪，感恩的双方（无论是感恩者和被感恩者）都应该调动起积极的情绪，对感恩留有美好的回忆，而不是痛苦的情绪和经历。积极心理学对感恩的定义是：个体在认识到他人是以一种对自己造成损失、对接受者有价值，并且是有意让个体获得积极的结果时，感恩便出现了；感恩是一种个体意识到自己获得了他人的帮助或恩惠时产生的积极情绪。

心理学实验

曾有积极心理学家招募了一批大学生，将他们随机

> 分为 3 组,进行为期 10 个星期的干预。要求其中一组的大学生每星期记录 5 件值得感恩的事情,并将这组设为实验组。另外两组为对照组,每星期分别记录 5 件有争议的事情和 5 件有影响的事情。后续,心理学家又招募了一批大学生,同样将他们分为 3 组,并按照上述方式设置了实验组和对照组,但将干预时间设置为 13 天,并让他们每天记录。结果表明,在这两个实验中,无论是用哪种方式,实验组均比两个对照组表现出了更高的感恩水平、更高的生活满意度、更多的积极情绪、更少的消极情绪和更少的身体不适等。

可见,经常表达感恩,能让人越来越容易发现生活中值得感恩的人、事、物,这样的练习就是在培养感恩特质。换句话说,**感恩是一种能力,是可以通过练习不断提升的**。经常练习表达感恩可以让人们养成感恩的心态,这反过来会持续提升幸福感。

品味细节，常怀感恩之心

积极心理学强调品味，即要感知愉悦，将注意力放在愉悦的经验上。在学会如何有意识地放慢节奏、培养一种品味的意识后，便能专注于积极的一面。

美国洛约拉大学的弗雷德·B.布莱恩特（Fred B. Bryant）和约瑟夫·维洛夫（Joseph Veroff）是品味学这个新兴领域的创始人。在塞利格曼的《真实的幸福》一书中，引用了布莱恩特在爬山时是如何细细品味他的经验的。

我深吸了一口稀薄的冷空气，慢慢地吐出来。我注意到花葱类植物的刺鼻味道，于是开始寻找味道的来源。在脚下石头缝中，我找到这株孤零零的紫色花朵。

我闭上眼睛聆听风的倾诉,听它在山谷中的回响。我在山顶的大石头上坐了下来,享受着在温暖的石头上晒太阳的乐趣。我捡了块火柴盒大小的石头带回去作纪念。石头粗糙的表面摸起来像砂纸,我感到一股奇怪的欲望,我想去闻一下这块石头。我闻到了它强烈的泥土味,这味道引发了一些古老的想象:这块石头一定是从盘古开天辟地时就躺在这里了。

品味始于对生活的观察和觉知,当我们埋头赶路时,也要对生活的细节有所感受,体验生命和生活的美好。正念的方法也有助于我们品味细节。塞利格曼在《真实的幸福》一书中,还给我们讲述了一个这样的故事:

> 经过三年的苦修后,小和尚来到师父的面前,他对佛教教义已经了然于胸,他做好了接受师父考验的充分准备。
>
> "我只有一个问题要问。"师父平静地说。
>
> "请问。"小和尚回答。
>
> "走廊上的花放在雨伞的左边还是右边?"

小和尚尴尬地退出去，又苦修三年。

如今我们已经习惯了快节奏地生活，这让我们拥有很多东西却不自知，忽视对我们好的人、对我们好的事情。我们是否可以放慢节奏，去品味生活的美好？**我们生活在一个美妙的世界，放慢速度是品味生活的起点。**

在日常生活中，我们可以运用一些让生活慢下来的技巧：

- 从小处开始，逐渐减速，比如，吃饭慢一点、走路慢一点。
- 有意识地专注于平静的体验，比如，欣赏日落、感受微风等。
- 有意识地不用电子产品，比如，晚上八点之后不用手机等。
- 学会说"不"，懂得拒绝，避免让工作把生活排得太满，有空闲才有时间去体会慢生活。
- 全家人一起到家附近走一走。回来后，各自将所观察到的事物记录下来，然后彼此分享和讨论。你会发现，每个人观察到的内容各不相同。

- 闭上眼睛回想昨天上班或上学的路上，或是刚刚在街上看到的情景，尽可能详尽地描述，并且能自问自答。

留意生活细节，并对这些细节表达感恩，渐渐地，感恩便成了一种习惯，可以提升人们品味点滴幸福的能力。

| 练习 |

与孩子一起留意生活中的细节，然后把它们写在下面的横线上。

_____

_____

_____

培养感恩的练习

撰写感恩信与感恩拜访

写感恩信和感恩拜访是一种积极的感恩方法，对象可以是父母、朋友或老师等，以及任何对我们产生积极影响、让我们很想向他表达感激之情的人。

具体怎么做呢？先要写一封感恩信，把想对那个人说的话、想表达的感激都写出来。写完后，再拿着这封信去拜访他，当着他的面把这封信的内容读给他听。写感恩信的时候，要把对方具体帮助我们的事情描述出来，或是他做了什么事以及在哪些方面给了我们很大的支持、鼓励和帮助，把对方带来的积极影响都写出来,并表达你对他的感恩之情。

如果你没太想好如何写感恩信,那么不妨按照以下方法试试:

- 闭上眼睛,调整你的呼吸,想出一个依然健在且你从未好好感谢过的人;
- 锁定某个人后,睁开眼睛,给他写一封大约300字的信;
- 写信时,要用具体的语言来表达你的感谢,不要担心文体或语法,你要尊重你的情绪,并在文字中体现出来。

以下是写感恩信的提示语:

请回忆你的人生经历。这么多年来,在你的生活、工作中,一定有人给予了你很大的帮助。这个人可能是你的父母,默默给予你无条件的支持和爱;可能是你的孩子,他虽然没有做什么,但是他的存在给予了你强大的动力和生活的希望;可能是你的伴侣,他几十年如一日地默默守护着你、守护着这个家,他给这个家带来润物无声般的温暖；可能是一位贵人，在你最需要帮助的至暗时刻，强而有力地扶了你一把，让你渡过难关……在你的生命中总有一些人，如果没有他们，你就不会成为今天的你。对于这些人，也许你对他们表示过感谢，也许还没有来得及，也许你觉得还不够。现在，你有一个机会，把你心中的真实想法、想要对他们说的话写下来。

写完信之后，一定要去拜访对方，并把这封信读给他听。你要和感恩对象面对面，而不只是通过书面或电话。在你带着情感和眼神交流慢慢地大声朗读你的感谢信后，再和感恩对象一起回忆这些具体事件。感恩和被感恩的人都会产生积极的感恩情绪，获得积极的感恩体验。这种方式对于比较含蓄内敛的中国人来说的确有一些挑战性，但只要勇敢地迈出了这一步，就会收获意想不到的效果。当然，如果实在不好意思去拜访，那么也可以把这封信寄给他，或用手机发给他。

还有一些特殊情况，比如你特别想感谢的人去世了，或你联系不到对方了，那么虽然这有些遗憾，但是你写的这封饱含深情的感恩信不会白费，只要你写出来了就能让你更加满足、开心和幸福。即使对方收不到，你也可以从中受益，把这份通过文字表达出来的感恩和美好收藏在心里。

| 练习 |

引导孩子写一封感谢信，并陪着孩子一起去拜访这个人。

_____
_____
_____

记感恩日记

记感恩日记也是一种很好的练习，与本章开篇介绍的心理学实验类似。具体做法是，每天记录 3～5 件当天值得感恩和感激的人、事、物，这和三件好事的记录法相似，只不过这个感恩日记是专门记录感恩的。为什么我们建议要每天都记录呢？因为这样比较容易养成好习惯。

感恩日记中记录的感恩事件可大可小，小到别人给了你一颗糖果，大到朋友给你举办了一个生日惊喜派对等，只要是引发了你感谢、感激和感恩之情的人或事，就都可以记录下来。

感恩的对象既可以是身边的人，又可以是身边的事物。比如，你可以感谢冬日的阳光，把你晒得身上暖暖的；还可以感激吃到的美食，让你很享受；等等。还有一个感恩对象请别忘了，那就是你自己——你可以感谢你对自己做的一些好事。

| 练习 |

请在下面的横线上记录孩子这个星期的感恩日记，坚持一个星期。

如何培养懂感恩的孩子

得道多助，懂得感恩的人能把路越走越宽，获得更多人的帮助。那么，该如何培养孩子的感恩呢？

要想让孩子学会感恩，就要先理解感恩的含义。比较小的孩子可能不太容易理解感恩的含义，可以借助一些绘本故事或动画片，比如《九色鹿》《仙鹤报恩》等。

此外，"身教胜过言传"，从培养感恩的孝心孝道方面来说，孝心的培养最需要榜样的作用，要想让孩子有孝心，父母就要给孩子做好榜样。我们有没有孝敬长辈，孩子都会看在眼里、记在心里。注意，尽孝并不只是给长辈买物质的礼物，更重要的是精神的陪伴，我们要多给长辈打电话，多带孩子去陪长辈、聊聊天。传统的《二十四孝》中也有很多经典的故事，虽然有些放在现代并不合时宜，但可以跟孩子一起辩证地讨论和解读。

在理解了感恩的含义后，可以让孩子从说"谢谢"开始，让孩子知道跟谁说、为什么要说谢谢。在诸如"谁言寸草心，报得三春晖""谁知盘中餐，粒粒皆辛苦"这些我们耳熟能详的诗句中，包含了感恩的道理。我们吃的东西、穿的衣服，都包含了自然的馈赠、劳动的汗水，这些都是可以感恩的对象——感谢自然、感谢阳光雨露、感谢农民、感谢工人，更重要的是感谢父母，父母除了工作挣钱给孩子买来这些吃的、穿的、用的、玩的，父母对孩子的爱更是饱含了深情。

感恩需要有仪式感，可以让孩子制作感恩卡片，把孩子想感恩的对象和感恩的事情用画画或写作的方式表达出来，也可以给家里人发感恩奖状。比如，爷爷每天接送孩子上学和放学，可以给爷爷颁发一张感恩他每天辛苦接送孩子的奖状，让孩子以鞠躬行礼的方式送给爷爷，增加感恩的仪式感。

练习

你和孩子还能想到什么其他的感恩方式？请在下面的横线上记录下来，然后让孩子从中选择一个他喜欢的方式去做吧！

_____

_____

_____

感恩并非让孩子逆来顺受

有个段子说:"家长不辅导孩子学习时母慈子孝,一开始辅导作业就鸡飞狗跳。"这说明了压力情境对感恩和孝心的影响不小。不过,这并不是说要让孩子无原则地逆来顺受,我们来看一个孔子教育他的弟子曾子的故事。

案例

有一天,曾子和他的父亲在农田里干活,曾子不小心弄断了一根瓜秧,他的父亲大怒,拿了一根大棍子打在曾子的背上,一下子把曾子打晕了。曾子醒来后,面带笑容,跟父亲说:"您教导得对,我没什么事。"他回去后还弹琴唱歌,让父亲放心。

孔子听闻这件事后非常生气，不但没有表扬曾子的孝顺，还把他训斥了一顿："如果你被父亲打死了，就是陷父亲于不义，你父亲不但要承担杀子的骂名，还会因为犯了杀人罪而遭到严惩。"那么，正确的做法是什么呢？孔子引用了舜帝小时候的做法："小棰则待过，大杖则逃走。"说曾子一味地顺从父亲的做法是不对的，而是要劝谏、纠正父亲的错误，该逃离大棒伤害时还是要逃离。

看了这个故事，你是不是觉得做父母太难了？其实，做儿女的也不容易。如果双方能互相谅解，就能风平浪静、海阔天空。

良好的沟通能有效改善亲子关系、缓和家庭氛围，也能让孩子从中体会到父母对自己的爱，自然会产生感恩之情；相反，如果父母缺乏与孩子沟通交流的技巧，就往往会比较简单粗暴，给孩子带来更大的伤害，甚至会让孩子产生以暴制暴的想法：等我长大了你们就打不过我了，到时候我还可能会报复你们……

父母动手打骂孩子时往往都在气头上，愤怒占据了大脑的情绪中枢。如何在此时恢复理智呢？不妨试试"深呼吸喊暂停法"，即深吸一口气或打手势喊"暂停"，让大脑冷静下来。最好做一个"红灯停"的牌子，无论是父母还是孩子发脾气，关键时其中一方可以举起这个牌子，就像足球场上的黄牌和红牌警告一样，对方就要采取"深呼吸喊暂停法"，使用非暴力沟通的方式去沟通。

非暴力沟通共分四步（见图7-1），每一步的关键词依次是：事实、感受、需求、请求。

描述客观事实 ➡ 说出你的感受 ➡ 表达你的需求 ➡ 提出你的请求

图 7-1 非暴力沟通的步骤

- 第一步，描述客观事实。具体发生了什么事，不要添油加醋，如实客观地描述出来。

- **第二步，说出你的感受**。向对方表达出你的感受，比如，你可以说"我有点生气"。
- **第三步，表达你的需求**。向对方如实地表达引起你生气的背后需求，因为这个需求没被满足，所以你生气了。只有将你的需求表达出来，对方才能了解你的需求，进而满足你的需求。
- **第四步，提出你的请求**。清楚具体地表达你的请求，请求对方做一些事情来满足你的需求。注意，是请求而不是要求。只有你用请求的态度，才会让对方发自内心地主动做一些事情来满足你的需求。一旦你的需求获得了满足，怒气便会消失了，问题也就解决了。

举个例子，当你看到孩子没有把玩具收拾好的时候，你可以尝试用这样的句式来将非暴力沟通的四个步骤串联起来："当你……我觉得……因为……希望你能……"

亲爱的宝贝，当你今天没有按照你承诺的把玩具收拾起来时，我觉得有点生气。因为我想让家里有一个整洁、干净的环境，你的玩具散落在好几个房间里，让家里显得乱糟糟的。希望你能抽点时间把你的玩具收拾好，可以吗？

注意，**第一步描述客观事实很重要**。为什么要强调描述客观事实呢？因为人在有情绪时说话往往不客观、会添油加醋，所以才强调要不带指责和评判地把发生的事情如实、客观地表达出来。对于孩子没有把玩完的玩具收拾好这件事，如果你说"你真懒，玩了玩具又不收拾"，就不是如实、客观，而是在指责和道德评判，而且孩子听你这么说一定会不高兴，产生抗拒，更不愿意配合了。

非暴力沟通看起来很简单，但在我们有情绪时，往往一开口就是评判、指责、贴标签，而不是描述客观事实。因此，**一定要先终止生气，把情绪处理好，再来处理具体的事情。**在我们使用非暴力沟通的过程中还可能会发现，每次沟通不一定要走完这四步，有时不去指责和评判，只是描述了客观事实和表达了我们的感受，对方就能意识到问题所在，从而自愿、主动地做一些事情来满足我们的需求了。这就是非暴力沟通的神奇力量，能够建立彼此间深刻的理解和联结。

练习

请在下面的横线上记录一次你与孩子的非暴力沟通。

_____

_____

_____

马丁·塞利格曼非常强调感恩对幸福感的影响，后续许多学者的研究也都证明了练习感恩能够抵御抑郁、焦虑等不良情绪，有利于身心健康。从某种程度上说，练习感恩是一种简单易行的、能够持续提升幸福感的方式。感恩能提升人们对美好记忆的强度，让人更幸福。

在生活中，无论是我们自己还是孩子，都要用心地去品味点滴小事带来的快乐，对美好的生活细节心怀感恩。可以准备一个日记本来写感恩日记，时不时地翻一翻，回忆那些令人难忘的瞬间。还可以拿起纸笔或用手机给曾经帮过自己的人写一封感恩信，这些仪式感都会让家庭充满幸福的气息。

后记

任何事情都不是一帆风顺的，培养孩子的抗逆力也不例外！

孩子的抗逆力会在压力和优势之间、在希望和怀疑之间、在放弃和尝试的勇气之间摇摆不定，螺旋上升或下降。**身为父母，我们要允许一切的发生。**

我们需要怎么做？要打造有利于孩子抗逆力发展的环境，具体做法如下。

- **提供关心和支持**。在孩子成长的过程中，至少要有一名成年人与他保持紧密的联结，并给予他关爱。这名成年人就是在培养孩子抗逆力的过程中特别关键的重要他人，如果父母不能给予支持，也要有替代的老师、亲戚等。
- **欣赏和认可孩子的优势和天赋，而不是过多地批评他的问题和不足**。孩子在成长的过程中常会出现这样或那样的问题，但伯乐不常有。如果孩子从别人那里得不到什么认可，那么身为父母，就要努力做好孩子的伯乐，去欣赏和认可孩子的优势和天赋。
- **给孩子提供参与的机会，发展自己的兴趣，提高掌控感，从而获得宝贵的生活经验**。家里的一些重要活动（比如，假期出门旅行时打算去哪里、住在什么地方、搭乘什么交通工具前往等）可以让孩子参与决策。虽然最终的决定权还在父母，但孩子在参与的过程中积累了经验。

如果孩子被某次挫折打败了怎么办？我们可以引导孩子按照以下方式去做。

- **让孩子接纳这件事给他带来的所有负面情绪**。比如，焦

后 记

虑、紧张、害怕、恐惧等,不要逃避,也不要试图克制它们。我们不仅要尊重和包容孩子的情绪,还要帮助孩子疏导情绪。

- **让孩子把注意力放在当下正在做的事情上**。过去的已经过去,未来的还不确定,只有活在当下,才能让未来变得更好。
- **让孩子围绕这件事,列出哪些是他能控制的,哪些是他不能控制的**。在列出这样的清单后,孩子就能知道自己可以去改变能控制的事情,接纳不能控制的事情,提升控制感的同时,也远离了无意义的内耗。
- **让孩子将精力和注意力集中投入到他能控制的部分,努力做好它**。全身心地去做一件事情,进一寸有进一寸的欢喜。

切记,**孩子被挫折打败一次并不意味着孩子永远都无法培养抗逆力**,我们要给予他包容和爱,这能给孩子带来无限的力量,让他继续前行,让他在以后再面对挫折时不轻言放弃。

此外,只是懂得了道理还是不行,关键是要采取行动。

希望你能按照本书介绍的方法学习和练习，并应用到日常生活中。相信你在培养孩子抗逆力的同时，也能成为更好的父母。

祝你成功！

北京阅想时代文化发展有限责任公司为中国人民大学出版社有限公司下属的商业新知事业部，致力于经管类优秀出版物（外版书为主）的策划及出版，主要涉及经济管理、金融、投资理财、心理学、成功励志、生活等出版领域，下设"阅想·商业""阅想·财富""阅想·新知""阅想·心理""阅想·生活"以及"阅想·人文"等多条产品线，致力于为国内商业人士提供涵盖先进、前沿的管理理念和思想的专业类图书和趋势类图书，同时也为满足商业人士的内心诉求，打造一系列提倡心理和生活健康的心理学图书和生活管理类图书。

《孩子的内驱力：写给父母的沟通心理学》

- 孩子本就拥有内驱力，父母需要做的是唤醒并呵护孩子的内驱力。
- 发展孩子主动学习和生活的动力，才是真正陪伴孩子发展的核心宗旨。
- 简单实用的"铁三模型"帮助父母唤醒孩子的内驱力。
- 微微辣作序，侯志瑾、安心、徐钧、邢淑芬联袂推荐。

《陪着孩子走向世界：中国父母的五项修炼》

- 毛大庆作序，杨澜、俞敏洪、雷文涛等诚挚推荐。
- 堪比家庭教育界的《第五项修炼》。
- 随书赠送"问校友家长学院"精品线上课程。
- 左手规划右手爱。缓解父母焦虑，助力孩子走向世界！
- 作者的系统思考+15位哈佛、耶鲁等名校学子及父母分享心路历程！

《让孩子成为独一无二的自己》

- 好的教育就是尊重儿童的先天气质,顺性而为,从而成就孩子独一无二的潜能。
- 随书附赠罗静博士主讲的《原生家庭》在线课程(价值199元)。
- 张侃作序,高文斌、梅建、彭琳琳、王人平、王书荃、邬明朗、杨澜、张思莱、周洲联袂推荐。

《成长不设限:写给青少年的成长型思维训练》

- 20个帮孩子突破固定型思维的高效训练,培养让孩子受益一生的成长型思维,获得在逆境中终身成长的能力!
- 心理学者叶壮、苏静联袂翻译。
- 中国科学院心理研究所医学心理学博士、儿童发展心理学博士后罗静推荐。